Délices sans Sel 2023

Savourez une Cuisine Saine et Gourmande

Camille Moreau

Contenu

Sauté à la moutarde

Temps de préparation : 10 minutes.
Temps de cuisson : 12 minutes.
Portions : 4

Ingrédients:
- 6 tasses de feuilles de moutarde
- 2 cuillères d'huile d'olive
- 2 oignons nouveaux hachés
- ½ tasse de crème de noix de coco
- 2 cuillères de piment doux
- poivre noir au goût

Adresses :
1. Faire chauffer une poêle avec de l'huile à feu moyen-vif, ajouter l'oignon, le poivron et le poivre noir, remuer et faire revenir pendant 3 minutes.
2. Ajouter la moutarde et le reste des ingrédients, mélanger, cuire encore 9 minutes, répartir dans des assiettes et servir en accompagnement.

Nutrition:calories 163, lipides 14,8, fibres 4,9, glucides 8,3, protéines 3,6

Mélange de Bok Choy

Temps de préparation : 10 minutes.
Temps de cuisson : 12 minutes.
Portions : 4

Ingrédients:
- 1 cuillère d'huile d'avocat
- 1 cuillerée de vinaigre balsamique
- 1 oignon jaune haché
- 1 livre de bok choy, déchiré
- 1 cuillère à café de cumin, moulu
- 1 cuillère à soupe d'acides aminés de noix de coco
- ¼ tasse de bouillon de légumes à faible teneur en sodium
- poivre noir au goût

Adresses :
1. Faire chauffer une poêle avec de l'huile à feu moyen-vif, ajouter l'oignon, le cumin et le poivre noir, remuer et faire revenir pendant 3 minutes.
2. Ajouter le bok choy et les ingrédients restants, remuer, cuire encore 8 à 9 minutes, répartir entre les assiettes et servir en accompagnement.

Nutrition:calories 38, lipides 0,8, fibres 2, glucides 6,5, protéines 2,2

Un mélange de haricots verts et d'aubergines

Temps de préparation : 4 minutes.
Temps de cuisson : 40 minutes.
Portions : 4

Ingrédients:

- 1 livre de haricots verts, parés et coupés en deux
- 1 petite aubergine coupée en gros morceaux
- 1 oignon jaune haché
- 2 cuillères d'huile d'olive
- 2 cuillères de jus de citron vert
- 1 cuillère à café de paprika fumé
- ¼ tasse de bouillon de légumes à faible teneur en sodium
- poivre noir au goût
- ½ cuillère à café d'origan séché

Adresses :

1. Dans une rôtissoire, mélanger les haricots verts avec l'aubergine et les ingrédients restants, mélanger, mettre au four, cuire à 390 degrés F pendant 40 minutes, répartir entre les assiettes et servir en accompagnement.

Nutrition:calories 141, lipides 7,5, fibres 8,9, glucides 19, protéines 3,7

Un mélange d'olives et d'artichauts

Temps de préparation : 5 minutes.
Temps de refroidissement : 0 minute
Portions : 4

Ingrédients:

- 10 onces de cœurs d'artichauts en conserve, sans sel ajouté, égouttés et coupés en deux
- 1 tasse d'olives noires dénoyautées et tranchées
- 1 cuillère à soupe de câpres, égouttées
- 1 tasse d'olives vertes dénoyautées et tranchées
- 1 cuillerée de persil haché
- poivre noir au goût
- 2 cuillères d'huile d'olive
- 2 cuillères de vinaigre de vin rouge
- 1 cuillerée de ciboulette ciselée

Adresses :

1. Mélangez les artichauts avec les olives et les autres ingrédients dans un saladier, mélangez et servez en accompagnement.

Nutrition:calories 138, lipides 11, fibres 5.1, glucides 10, protéines 2.7

Trempette au paprika et au curcuma

Temps de préparation : 4 minutes.
Temps de cuisson : 0 minute.
Portions : 4

Ingrédients:

- 1 cuillère à café de poudre de curcuma
- 1 tasse de crème de noix de coco
- 14 onces de poivron rouge, sans sel ajouté, haché
- jus de ½ citron
- 1 cuillerée de ciboulette ciselée

Adresses :

1. Mélanger le paprika avec le curcuma et tous les autres ingrédients sauf la ciboulette dans un mélangeur, bien diviser, répartir dans des bols et servir comme collation avec de la ciboulette saupoudrée sur le dessus.

Nutrition:calories 183, lipides 14,9, fibres 3, glucides 12,7, protéines 3,4

Crème de lentilles

Temps de préparation : 5 minutes.
Temps de cuisson : 0 minute.
Portions : 4

Ingrédients:
- 14 onces de lentilles en conserve, égouttées, sans sel ajouté, rincées
- jus de 1 citron
- 2 gousses d'ail, hachées
- 2 cuillères d'huile d'olive
- ½ tasse de coriandre hachée

Adresses :
1. Mélanger les lentilles avec l'huile et le reste des ingrédients dans un mélangeur, bien mélanger, répartir dans des bols et servir comme tartinade.

Nutrition:calories 416, lipides 8,2, fibres 30,4, glucides 60,4, protéines 25,8

noix grillées

Temps de préparation : 5 minutes.
Temps de cuisson : 15 minutes.
Portions : 8

Ingrédients:

- ½ cuillère à café de paprika fumé
- ½ cuillère à café de piment en poudre
- ½ cuillère à café de poudre d'ail
- 1 cuillère d'huile d'avocat
- Une pincée de poivre de cayenne
- 14 onces de noix

Adresses :

1. Étendre les noix de pécan sur une plaque à pâtisserie tapissée, ajouter le paprika et les autres ingrédients, mélanger et cuire au four à 410 degrés F pendant 15 minutes.
2. Répartir dans des bols et servir comme collation.

Nutrition:calories 311, lipides 29,6, fibres 3,6, glucides 5,3, protéines 12

carrés aux myrtilles

Temps de préparation:3 heures et 5 minutes

Temps de cuisson : 0 minute.
Portions : 4

Ingrédients:
- 2 onces de crème de noix de coco
- 2 cuillères à soupe de flocons d'avoine
- 2 cuillères de noix de coco râpée
- 1 tasse de bleuets

Adresses :
1. Mélanger l'avoine avec les myrtilles et d'autres ingrédients dans un mélangeur, bien écraser et étaler en forme de carré.

Coupez-les en carrés et réfrigérez 3 heures avant de servir.

Nutrition:calories 66, lipides 4,4, fibres 1,8, glucides 5,4, protéines 0,8

bâtonnets de chou-fleur

Temps de préparation : 10 minutes.
Temps de cuisson : 30 minutes.
Portions : 8

Ingrédients:
- 2 tasses de farine de blé entier
- 2 cuillères à café de levure chimique
- Une pincée de poivre noir
- 2 oeufs battus
- 1 tasse de lait d'amande
- 1 tasse de bouquets de chou-fleur hachés
- ½ tasse de fromage cheddar faible en gras, râpé

Adresses :
1. Mélanger la farine avec le chou-fleur et les autres ingrédients dans un bol et bien mélanger.
2. Étaler sur une plaque à pâtisserie, mettre au four, cuire à 400 degrés F pendant 30 minutes, couper en barres et servir comme collation.

Nutrition:calories 430, lipides 18,1, fibres 3,7, glucides 54, protéines 14,5

Bols de graines et d'amandes

Temps de préparation : 5 minutes.
Temps de cuisson : 10 minutes.
Portions : 4

Ingrédients:
- 2 tasses d'amandes
- ¼ tasse de noix de coco râpée
- 1 mangue, pelée et coupée en dés
- 1 tasse de graines de tournesol
- aérosol de cuisson

Adresses :
1. Étalez les amandes, la noix de coco, la mangue et les graines de tournesol sur une plaque à pâtisserie, vaporisez d'un aérosol de cuisson, mélangez et faites cuire à 400 degrés F pendant 10 minutes.
2. Répartir dans des bols et servir comme collation.

Nutrition:calories 411, lipides 31,8, fibres 8,7, glucides 25,8, protéines 13,3

Psoriasis

Temps de préparation : 10 minutes.
Temps de cuisson : 20 minutes.
Portions : 4

Ingrédients:

- 4 pommes de terre dorées, pelées et tranchées finement
- 2 cuillères d'huile d'olive
- 1 cuillère à soupe de piment en poudre
- 1 cuillère à café de piment doux
- 1 cuillerée de ciboulette ciselée

Adresses :

1. Étaler les frites sur une plaque à pâtisserie tapissée, ajouter l'huile et les ingrédients restants, mélanger, mettre au four et cuire à 390 degrés F pendant 20 minutes.
2. Répartir dans des bols et servir.

Nutrition:calories 118, lipides 7,4, fibres 2,9, glucides 13,4, protéines 1,3

trempette au chou

Temps de préparation : 10 minutes.
Temps de cuisson : 20 minutes.
Portions : 4

Ingrédients:
- 1 bouquet de feuilles de chou
- 1 tasse de crème de noix de coco
- 1 échalote hachée
- 1 cuillère d'huile d'olive
- 1 cuillère à café de piment en poudre
- Une pincée de poivre noir

Adresses :
1. Faire chauffer une poêle avec de l'huile à feu moyen, ajouter les échalotes, remuer et faire revenir pendant 4 minutes.
2. Ajouter le kale et le reste des ingrédients, porter à ébullition et laisser mijoter 16 minutes.
3. Mixez au mixeur plongeant, répartissez dans des bols et servez en collation.

Nutrition:calories 188, lipides 17,9, fibres 2,1, glucides 7,6, protéines 2,5

Chips de betterave

Temps de préparation : 10 minutes.
Temps de cuisson : 35 minutes.
Portions : 4

Ingrédients:

- 2 betteraves, pelées et tranchées finement
- 1 cuillère d'huile d'avocat
- 1 cuillère à café de cumin, moulu
- 1 cuillère à café de graines de fenouil, écrasées
- 2 cuillères à café d'ail haché

Adresses :

1. Étendre les chips de betterave sur une plaque à pâtisserie tapissée, ajouter l'huile et les ingrédients restants, mélanger, mettre au four et cuire à 400 degrés F pendant 35 minutes.
2. Répartir dans des bols et servir comme collation.

Nutrition:calories 32, lipides 0,7, fibres 1,4, glucides 6,1, protéines 1,1

trempette aux courgettes

Temps de préparation : 5 minutes.
Temps de cuisson : 10 minutes.
Portions : 4

Ingrédients:
- ½ tasse de yogourt faible en gras
- 2 courgettes hachées
- 1 cuillère d'huile d'olive
- 2 oignons nouveaux hachés
- ¼ tasse de bouillon de légumes à faible teneur en sodium
- 2 gousses d'ail, hachées
- 1 cuillère à soupe d'aneth haché
- Une pincée de muscade moulue

Adresses :
1. Faire chauffer une poêle avec de l'huile à feu moyen, ajouter l'oignon et l'ail, remuer et faire revenir pendant 3 minutes.
2. Ajouter les courgettes et les autres ingrédients sauf le yaourt, mélanger, cuire encore 7 minutes et retirer du feu.
3. Ajouter le yaourt, mixer au mixeur plongeant, répartir dans des bols et servir.

Nutrition:calories 76, lipides 4,1, fibres 1,5, glucides 7,2, protéines 3,4

Pépins et mélange de pomme

Temps de préparation : 10 minutes.
Temps de cuisson : 20 minutes.
Portions : 4

Ingrédients:
- 2 cuillères d'huile d'olive
- 1 cuillère à café de paprika fumé
- 1 tasse de graines de tournesol
- 1 tasse de graines de chia
- 2 pommes, évidées et coupées en croissants
- ½ cuillère à café de cumin, moulu
- Une pincée de poivre de cayenne

Adresses :
1. Dans un bol, combiner les graines avec les pommes et les autres ingrédients, mélanger, étaler sur une plaque à pâtisserie tapissée, mettre au four et cuire à 350 degrés F pendant 20 minutes.
2. Répartir dans des bols et servir comme collation.

Nutrition:calories 222, lipides 15,4, fibres 6,4, glucides 21,1, protéines 4

Crème de potiron

Temps de préparation : 5 minutes.
Temps de cuisson : 0 minute.
Portions : 4

Ingrédients:
- 2 tasses de pulpe de citrouille
- ½ tasse de graines de citrouille
- 1 cuillère de jus de citron
- 1 cuillère de pâte de sésame
- 1 cuillère d'huile d'olive

Adresses :
1. Mélanger la citrouille avec les graines et le reste des ingrédients dans un mélangeur, bien écraser, répartir dans des bols et servir comme tartinade.

Nutrition: calories 162, lipides 12,7, fibres 2,3, glucides 9,7, protéines 5,5

Crème d'épinards

Temps de préparation : 10 minutes.
Temps de cuisson : 20 minutes.
Portions : 4

Ingrédients:
- 1 livre d'épinards hachés
- 1 tasse de crème de noix de coco
- 1 tasse de mozzarella écrémé, râpé
- Une pincée de poivre noir
- 1 cuillère à soupe d'aneth haché

Adresses :
1. Dans un plat allant au four, combiner les épinards avec la crème et le reste des ingrédients, bien mélanger, mettre au four et cuire à 400 degrés F pendant 20 minutes.
2. Répartir dans des bols et servir.

Nutrition:calories 186, lipides 14,8, fibres 4,4, glucides 8,4, protéines 8,8

Sauce aux olives et coriandre

Temps de préparation : 5 minutes.
Temps de cuisson : 0 minute.
Portions : 4

Ingrédients:
- 1 oignon rouge, haché
- 1 tasse d'olives noires, dénoyautées et coupées en deux
- 1 concombre en dés
- ¼ tasse de coriandre hachée
- Une pincée de poivre noir
- 2 cuillères de jus de citron vert

Adresses :
1. Mélangez les olives avec le concombre et le reste des ingrédients dans un bol, mélangez et servez froid comme collation.

Nutrition:calories 64, lipides 3,7, fibres 2,1, glucides 8,4, protéines 1,1

Trempette à la betterave et à la ciboulette

Temps de préparation : 5 minutes.
Temps de cuisson : 25 minutes.
Portions : 4

Ingrédients:
- 2 cuillères d'huile d'olive
- 1 oignon rouge, haché
- 2 cuillères de ciboulette hachée
- Une pincée de poivre noir
- 1 betterave, pelée et hachée
- 8 onces de fromage à la crème faible en gras
- 1 tasse de crème de noix de coco

Adresses :
1. Faire chauffer une poêle avec de l'huile à feu moyen, ajouter l'oignon et faire revenir pendant 5 minutes.
2. Ajouter les autres ingrédients et cuire encore 20 minutes en remuant fréquemment.
3. Transférer le mélange dans un mélangeur, bien mélanger, répartir dans des bols et servir.

Nutrition:calories 418, lipides 41,2, fibres 2,5, glucides 10, protéines 6,4

sauce au concombre

Temps de préparation : 5 minutes.
Temps de cuisson : 0 minute.
Portions : 4

Ingrédients:
- 1 livre de concombres tranchés
- 1 avocat, pelé, dénoyauté et coupé en dés
- 1 cuillère à soupe de câpres, égouttées
- 1 cuillerée de ciboulette ciselée
- 1 petit oignon rouge, coupé en dés
- 1 cuillère d'huile d'olive
- 1 cuillerée de vinaigre balsamique

Adresses :
1. Mélanger les concombres avec l'avocat et les autres ingrédients dans un bol, mélanger, répartir dans de petits verres et servir.

Nutrition:calories 132, lipides 4,4, fibres 4, glucides 11,6, protéines 4,5

trempette aux pois chiches

Temps de préparation : 5 minutes.
Temps de cuisson : 0 minute.
Portions : 4

Ingrédients:
- 1 cuillère d'huile d'olive
- 1 cuillère de jus de citron
- 1 cuillerée de pâte de graines de sésame
- 2 cuillères de ciboulette hachée
- 2 oignons nouveaux hachés
- 2 tasses de pois chiches en conserve, sans sel ajouté, égouttés et rincés

Adresses :
1. Mixer les pois chiches avec l'huile et tous les autres ingrédients sauf la ciboulette dans un blender, bien fendre, répartir dans des bols, saupoudrer de ciboulette et servir.

Nutrition: calories 280, lipides 13,3, fibres 5,5, glucides 14,8, protéines 6,2

trempette aux olives

Temps de préparation : 4 minutes.
Temps de cuisson : 0 minute.
Portions : 4

Ingrédients:
- 2 tasses d'olives noires dénoyautées et hachées
- 1 tasse de menthe hachée
- 2 cuillères d'huile d'avocat
- ½ tasse de crème de noix de coco
- ¼ tasse de jus de citron vert
- Une pincée de poivre noir

Adresses :
1. Mélanger les olives avec la menthe et les autres ingrédients dans un mélangeur, bien mélanger, répartir dans des bols et servir.

Nutrition:calories 287, lipides 13,3, fibres 4,7, glucides 17,4, protéines 2,4

Dip d'oignons à la noix de coco

Temps de préparation : 5 minutes.
Temps de cuisson : 0 minute.
Portions : 4

Ingrédients:
- 4 oignons nouveaux hachés
- 1 échalote hachée
- 1 cuillère de jus de citron vert
- Une pincée de poivre noir
- 2 onces de fromage mozzarella faible en gras, râpé
- 1 tasse de crème de noix de coco
- 1 cuillerée de persil haché

Adresses :
1. Mélanger l'oignon de printemps avec l'échalote et le reste des ingrédients dans un mélangeur, bien mélanger, répartir dans des bols et servir comme trempette.

Nutrition: calories 271, lipides 15,3, fibres 5, glucides 15,9, protéines 6,9

Trempette au pin et à la noix de coco

Temps de préparation : 5 minutes.
Temps de cuisson : 0 minute.
Portions : 4

Ingrédients:
- 8 onces de crème de noix de coco
- 1 cuillère à soupe de pignons de pin hachés
- 2 cuillères de persil haché
- Une pincée de poivre noir

Adresses :
1. Dans un bol, mélanger la crème avec les pignons de pin et le reste des ingrédients, bien battre, répartir dans des bols et servir.

Nutrition:calories 281, lipides 13, fibres 4,8, glucides 16, protéines 3,56

Sauce roquette et concombre

Temps de préparation : 5 minutes.
Temps de cuisson : 0 minute.
Portions : 4

Ingrédients:
- 4 oignons nouveaux hachés
- 2 tomates, coupées en dés
- 4 concombres, coupés en dés
- 1 cuillerée de vinaigre balsamique
- 1 tasse de jeunes feuilles de roquette
- 2 cuillères de jus de citron
- 2 cuillères d'huile d'olive
- Une pincée de poivre noir

Adresses :
1. Combinez les oignons nouveaux avec les tomates et les autres ingrédients dans un bol, mélangez, répartissez dans de petits bols et servez comme collation.

Nutrition:calories 139, lipides 3,8, fibres 4,5, glucides 14, protéines 5,4

trempette au fromage

Temps de préparation : 5 minutes.
Temps de cuisson : 0 minute.
Portions : 6

Ingrédients:
- 1 cuillère de menthe moulue
- 1 cuillère d'origan moulu
- 10 onces de fromage à la crème sans gras
- ½ tasse de gingembre, tranché
- 2 cuillères à soupe d'acides aminés de noix de coco

Adresses :
1. Mélanger le fromage à la crème avec le gingembre et les autres ingrédients dans un mélangeur, bien mélanger, répartir dans de petits verres et servir.

Nutrition:calories 388, lipides 15,4, fibres 6, glucides 14,3, protéines 6

Trempette de yaourt au paprika

Temps de préparation : 5 minutes.
Temps de cuisson : 0 minute.
Portions : 4

Ingrédients:
- 3 tasses de yogourt faible en gras
- 2 oignons nouveaux hachés
- 1 cuillère à café de piment doux
- ¼ tasse d'amandes hachées
- ¼ tasse d'aneth haché

Adresses :
1. Dans un bol, mélanger le yaourt avec l'oignon et le reste des ingrédients, fouetter, répartir dans des bols et servir.

Nutrition:calories 181, lipides 12,2, fibres 6, glucides 14,1, protéines 7

sauce au chou-fleur

Temps de préparation : 5 minutes.
Temps de cuisson : 0 minute.
Portions : 4

Ingrédients:
- 1 livre de bouquets de chou-fleur, blanchis
- 1 tasse d'olives Kalamata, dénoyautées et coupées en deux
- 1 tasse de tomates cerises, coupées en deux
- 1 cuillère d'huile d'olive
- 1 cuillère de jus de citron vert
- Une pincée de poivre noir

Adresses :
1. Mélanger le chou-fleur avec les olives et les autres ingrédients dans un bol, mélanger et servir.

Nutrition:calories 139, lipides 4, fibres 3,6, glucides 5,5, protéines 3,4

Crème de crevettes

Temps de préparation : 5 minutes.
Temps de cuisson : 0 minute.
Portions : 4

Ingrédients:
- 8 onces de crème de noix de coco
- 1 livre de crevettes, cuites, décortiquées, épépinées et hachées
- 2 cuillères d'aneth haché
- 2 oignons nouveaux hachés
- 1 cuillère à soupe de coriandre hachée
- Une pincée de poivre noir

Adresses :
1. Mélanger les crevettes avec la crème et les autres ingrédients dans un bol, fouetter et servir comme tartinade de fête.

Nutrition:calories 362, lipides 14,3, fibres 6, glucides 14,6, protéines 5,9

sauce aux pêches

Temps de préparation : 4 minutes.
Temps de cuisson : 0 minute.
Portions : 4

Ingrédients:
- 4 pêches sans noyau et coupées en cubes
- 1 tasse d'olives Kalamata, dénoyautées et coupées en deux
- 1 avocat dénoyauté, pelé et coupé en dés
- 1 tasse de tomates cerises, coupées en deux
- 1 cuillère d'huile d'olive
- 1 cuillère de jus de citron vert
- 1 cuillère à soupe de coriandre hachée

Adresses :
1. Mélanger les pêches avec les olives et les autres ingrédients dans un bol, bien mélanger et servir froid.

Nutrition:calories 200, lipides 7,5, fibres 5, glucides 13,3, protéines 4,9

chips de carottes

Temps de préparation : 10 minutes.
Temps de cuisson : 20 minutes.
Portions : 4

Ingrédients:
- 4 carottes, tranchées finement
- 2 cuillères d'huile d'olive
- Une pincée de poivre noir
- 1 cuillère à café de piment doux
- ½ cuillère à café de poudre de curcuma
- Une pincée de flocons de piment rouge

Adresses :
1. Mélanger les chips de carottes avec l'huile et les autres ingrédients dans un bol et mélanger.
2. Étalez les frites sur une plaque à pâtisserie recouverte de papier cuisson, faites cuire à 400 degrés F pendant 25 minutes, répartissez dans des bols et servez comme collation.

Nutrition:calories 180, lipides 3, fibres 3,3, glucides 5,8, protéines 1,3

bouchées d'asperges

Temps de préparation : 4 minutes.
Temps de cuisson : 20 minutes.
Portions : 4

Ingrédients:

- 2 cuillères à soupe d'huile de noix de coco fondue
- 1 livre d'asperges, parées et coupées en deux
- 1 cuillère à café de poudre d'ail
- 1 cuillère à café de romarin séché
- 1 cuillère à café de piment en poudre

Adresses :

1. Mélanger les asperges avec l'huile et les autres ingrédients dans un bol, mélanger, étaler sur une plaque à pâtisserie et rôtir à 400 degrés F pendant 20 minutes.
2. Répartir dans des bols et servir froid comme collation.

Nutrition:calories 170, lipides 4,3, fibres 4, glucides 7, protéines 4,5

Bols pour figues rôties

Temps de préparation : 4 minutes.
Temps de cuisson : 12 minutes.
Portions : 4

Ingrédients:
- 8 figues, coupées en deux
- 1 cuillère d'huile d'avocat
- 1 cuillère à café de muscade moulue

Adresses :
1. Dans une rôtissoire, mélanger les figues avec l'huile et la muscade, mélanger et cuire au four à 400 degrés F pendant 12 minutes.
2. Répartir les figues dans de petits bols et servir comme collation.

Nutrition:calories 180, lipides 4,3, fibres 2, glucides 2, protéines 3,2

Sauce au chou et crevettes

Temps de préparation : 5 minutes.
Temps de cuisson : 6 minutes.
Portions : 4

Ingrédients:
- 2 tasses de chou rouge, râpé
- 1 livre de crevettes, décortiquées et épépinées
- 1 cuillère d'huile d'olive
- Une pincée de poivre noir
- 2 oignons nouveaux hachés
- 1 tasse de tomates hachées
- ½ cuillère à café de poudre d'ail

Adresses :
1. Faites chauffer une poêle avec de l'huile à feu moyen, ajoutez les crevettes, remuez et faites revenir 3 minutes de chaque côté.
2. Dans un bol, mélanger le chou avec les crevettes et le reste des ingrédients, mélanger, répartir dans des petits bols et servir.

Nutrition:calories 225, lipides 9,7, fibres 5,1, glucides 11,4, protéines 4,5

tranches d'avocat

Temps de préparation : 5 minutes.
Temps de cuisson : 10 minutes.
Portions : 4

Ingrédients:
- 2 avocats, pelés, dénoyautés et coupés en quartiers
- 1 cuillère d'huile d'avocat
- 1 cuillère de jus de citron vert
- 1 cuillère à café de coriandre moulue

Adresses :
1. Étalez les tranches d'avocat sur une plaque à pâtisserie tapissée, ajoutez l'huile et les autres ingrédients, mélangez et faites cuire à 300 degrés F pendant 10 minutes.
2. Répartir dans des verres et servir comme collation.

Nutrition:calories 212, lipides 20,1, fibres 6,9, glucides 9,8, protéines 2

trempette au citron

Temps de préparation : 4 minutes.
Temps de cuisson : 0 minute.
Portions : 4

Ingrédients:
- 1 tasse de fromage à la crème faible en gras
- poivre noir au goût
- ½ tasse de jus de citron
- 1 cuillère à soupe de coriandre hachée
- 3 gousses d'ail, hachées

Adresses :
1. Mélanger le fromage à la crème avec le jus de citron et les autres ingrédients dans un robot culinaire, bien mélanger, répartir dans des bols et servir.

Nutrition:calories 213, lipides 20,5, fibres 0,2, glucides 2,8, protéines 4,8

trempette à la patate douce

Temps de préparation : 10 minutes.
Temps de cuisson : 40 minutes.
Portions : 4

Ingrédients:
- 1 tasse de patate douce, pelée et coupée en dés
- 1 cuillère à soupe de bouillon de légumes à faible teneur en sodium
- aérosol de cuisson
- 2 cuillères de crème de coco
- 2 cuillères à café de romarin séché
- poivre noir au goût

Adresses :
1. Dans une rôtissoire, mélanger les pommes de terre avec le bouillon et les autres ingrédients, remuer, cuire au four à 365 degrés F pendant 40 minutes, transférer dans un mélangeur, bien écraser, répartir dans de petits bols et servir

Nutrition:calories 65, lipides 2,1, fibres 2, glucides 11,3, protéines 0,8

sauce aux haricots

Temps de préparation : 5 minutes.
Temps de cuisson : 0 minute.
Portions : 4

Ingrédients:
- 1 tasse de haricots noirs en conserve, sans sel ajouté, égouttés
- 1 tasse de haricots en conserve, sans sel ajouté, égouttés
- 1 cuillère à café de vinaigre balsamique
- 1 tasse de tomates cerises, coupées en dés
- 1 cuillère d'huile d'olive
- 2 échalotes hachées

Adresses :
1. Dans un bol, mélanger les haricots avec le vinaigre et le reste des ingrédients, mélanger et servir en collation.

Nutrition:calories 362, lipides 4,8, fibres 14,9, glucides 61, protéines 21,4

Salsa aux haricots verts

Temps de préparation : 10 minutes.
Temps de cuisson : 10 minutes.
Portions : 4

Ingrédients:
- 1 livre de haricots verts, parés et coupés en deux
- 1 cuillère d'huile d'olive
- 2 cuillères à café de câpres, égouttées
- 6 onces d'olives vertes, dénoyautées et tranchées
- 4 gousses d'ail, hachées
- 1 cuillère de jus de citron vert
- 1 cuillère d'origan moulu
- poivre noir au goût

Adresses :
1. Faire chauffer l'huile dans une poêle à feu moyen-vif, ajouter l'ail et les haricots verts, remuer et cuire 3 minutes.
2. Ajouter les autres ingrédients, mélanger, cuire encore 7 minutes, répartir dans de petits verres et servir frais.

Nutrition:calories 111, lipides 6,7, fibres 5,6, glucides 13,2, protéines 2,9

Crème de carotte

Temps de préparation : 10 minutes.
Temps de cuisson : 30 minutes.
Portions : 4

Ingrédients:
- 1 livre de carottes, pelées et hachées
- ½ tasse de noix hachées
- 2 tasses de bouillon de légumes à faible teneur en sodium
- 1 tasse de crème de noix de coco
- 1 cuillère à soupe de romarin haché
- 1 cuillère à café de poudre d'ail
- ¼ cuillère à café de paprika fumé

Adresses :
1. Dans une petite casserole, combiner les carottes avec le bouillon, les noix et tous les autres ingrédients sauf la crème et le romarin, remuer, porter à ébullition à feu moyen, cuire 30 minutes, égoutter et passer au mélangeur.
2. Ajouter la crème, bien mélanger, répartir dans des bols, saupoudrer de romarin et servir.

Nutrition:calories 201, lipides 8,7, fibres 3,4, glucides 7,8, protéines 7,7

Ketchup

Temps de préparation : 10 minutes.
Temps de cuisson : 10 minutes.
Portions : 4

Ingrédients:
- 1 livre de tomates, pelées et hachées
- ½ tasse d'ail haché
- 2 cuillères d'huile d'olive
- Une pincée de poivre noir
- 2 échalotes hachées
- 1 cuillère à café de thym séché

Adresses :
1. Faire chauffer une poêle avec de l'huile à feu moyen-vif, ajouter l'ail et l'échalote, remuer et faire revenir pendant 2 minutes.
2. Ajouter les tomates et les autres ingrédients, cuire encore 8 minutes et transférer dans un mélangeur.
3. Bien mélanger, répartir dans de petits verres et servir comme collation.

Nutrition:calories 232, lipides 11,3, fibres 3,9, glucides 7,9, protéines 4,5

plats de saumon

Temps de préparation : 10 minutes.
Temps de cuisson : 0 minute.
Portions : 6

Ingrédients:
- 1 cuillère d'huile d'avocat
- 1 cuillerée de vinaigre balsamique
- ½ cuillère à café d'origan séché
- 1 tasse de saumon fumé, sans sel ajouté, désossé, sans peau et coupé en dés
- 1 tasse de sauce
- 4 tasses de bébés épinards

Adresses :
1. Dans un bol, mélanger le saumon avec la sauce et les autres ingrédients, mélanger, répartir dans des petits verres et servir.

Nutrition:calories 281, lipides 14,4, fibres 7,4, glucides 18,7, protéines 7,4

Sauce tomate et maïs

Temps de préparation : 4 minutes.
Temps de cuisson : 0 minute.
Portions : 4

Ingrédients:
- 3 tasses de maïs
- 2 tasses de tomates en dés
- 2 oignons verts hachés
- 2 cuillères d'huile d'olive
- 1 piment rouge haché
- ½ cuillère de ciboulette hachée

Adresses :
1. Dans un saladier, combiner les tomates avec le maïs et les autres ingrédients, mélanger et servir froid en collation.

Nutrition:calories 178, lipides 8,6, fibres 4,5, glucides 25,9, protéines 4,7

Champignons au four

Temps de préparation : 10 minutes.
Temps de cuisson : 25 minutes.
Portions : 4

Ingrédients:
- 1 livre de chapeaux de petits champignons
- 2 cuillères d'huile d'olive
- 1 cuillerée de ciboulette ciselée
- 1 cuillère à soupe de romarin haché
- poivre noir au goût

Adresses :
1. Placer les champignons dans un plat allant au four, ajouter l'huile et les autres ingrédients, mélanger, cuire au four à 400 degrés F pendant 25 minutes, répartir dans des bols et servir comme collation.

Nutrition:calories 215, lipides 12,3, fibres 6,7, glucides 15,3, protéines 3,5

Haricots à tartiner

Temps de préparation : 5 minutes.
Temps de cuisson : 0 minute.
Portions : 4

Ingrédients:
- ½ tasse de crème de noix de coco
- 1 cuillère d'huile d'olive
- 2 tasses de haricots noirs en conserve, sans sel ajouté, égouttés et rincés
- 2 cuillères d'oignon vert haché

Adresses :
1. Mélanger les haricots avec la crème et le reste des ingrédients dans un mélangeur, bien écraser, répartir dans des bols et servir.

Nutrition:calories 311, lipides 13,5, fibres 6, glucides 18,0, protéines 8

Sauce coriandre et fenouil

Temps de préparation : 5 minutes.
Temps de cuisson : 0 minute.
Portions : 4

Ingrédients:
- 2 oignons nouveaux hachés
- 2 oignons fenouil, émincés
- 1 piment vert haché
- 1 tomate hachée
- 1 cuillère à café de poudre de curcuma
- 1 cuillère à café de jus de citron vert
- 2 cuillères de coriandre hachée
- poivre noir au goût

Adresses :
1. Mélanger le fenouil avec l'oignon et les autres ingrédients dans un saladier, mélanger, répartir dans des verres et servir.

Nutrition:calories 310, lipides 11,5, fibres 5,1, glucides 22,3, protéines 6,5

Croquer les choux de Bruxelles

Temps de préparation : 10 minutes.
Temps de cuisson : 25 minutes.
Portions : 4

Ingrédients:

- 1 livre de choux de Bruxelles, parés et coupés en deux
- 2 cuillères d'huile d'olive
- 1 cuillère à soupe de cumin, moulu
- 1 tasse d'aneth haché
- 2 gousses d'ail, hachées

Adresses :

1. Mélanger les choux de Bruxelles avec de l'huile et d'autres ingrédients dans une rôtissoire, mélanger et rôtir à 390 degrés F pendant 25 minutes.
2. Répartir les germes dans des bols et servir comme collation.

Nutrition:calories 270, lipides 10,3, fibres 5,2, glucides 11,1, protéines 6

Noix de balsamique

Temps de préparation : 10 minutes.
Temps de cuisson : 15 minutes.
Portions : 4

Ingrédients:
- 2 tasses de noix
- 3 cuillères de vinaigre rouge
- Un peu d'huile d'olive
- Une pincée de poivre de cayenne
- Une pincée de flocons de piment rouge
- poivre noir au goût

Adresses :
1. Étalez les noix de pécan sur une plaque à pâtisserie tapissée, ajoutez le vinaigre et les autres ingrédients, mélangez et faites cuire à 400 degrés F pendant 15 minutes.
2. Répartir les noix dans des bols et servir.

Nutrition:calories 280, lipides 12,2, fibres 2, glucides 15,8, protéines 6

Chips de radis

Temps de préparation : 10 minutes.
Temps de cuisson : 20 minutes.
Portions : 4

Ingrédients:
- 1 livre de radis, tranchés finement
- Une pincée de poudre de curcuma
- poivre noir au goût
- 2 cuillères d'huile d'olive

Adresses :
1. Étendre les radis sur une plaque à pâtisserie tapissée, ajouter l'huile et les autres ingrédients, mélanger et cuire au four à 400 degrés F pendant 20 minutes.
2. Répartir les frites dans des bols et servir.

Nutrition:calories 120, lipides 8,3, fibres 1, glucides 3,8, protéines 6

Salade de poireaux et crevettes

Temps de préparation : 4 minutes.
Temps de cuisson : 0 minute.
Portions : 4

Ingrédients:
- 2 poireaux, tranchés
- 1 tasse de coriandre hachée
- 1 livre de crevettes, décortiquées, déveinées et cuites
- jus de 1 citron vert
- 1 cuillère à soupe de zeste de citron vert râpé
- 1 tasse de tomates cerises, coupées en deux
- 2 cuillères d'huile d'olive
- Sel et poivre noir au goût

Adresses :
1. Dans un saladier, mélanger les crevettes avec les poireaux et les autres ingrédients, mélanger, répartir dans des petits verres et servir.

Nutrition:calories 280, lipides 9,1, fibres 5,2, glucides 12,6, protéines 5

trempage des pores

Temps de préparation : 5 minutes.
Temps de cuisson : 0 minute.
Portions : 4

Ingrédients:

- 1 cuillère de jus de citron
- ½ tasse de fromage à la crème faible en gras
- 2 cuillères d'huile d'olive
- poivre noir au goût
- 4 poireaux hachés
- 1 cuillère à soupe de coriandre hachée

Adresses :

1. Mélanger le fromage à la crème avec les poireaux et le reste des ingrédients dans un mélangeur, bien mélanger, répartir dans des bols et servir comme trempette de fête.

Nutrition:calories 300, lipides 12,2, fibres 7,6, glucides 14,7, protéines 5,6

Salade de poivrons

Temps de préparation : 5 minutes.
Temps de cuisson : 0 minute.
Portions : 4

Ingrédients:
- ½ livre de poivron rouge, coupé en fines lanières
- 3 oignons verts hachés
- 1 cuillère d'huile d'olive
- 2 cuillères à café de gingembre râpé
- ½ cuillère à café de romarin séché
- 3 cuillères de vinaigre balsamique

Adresses :
1. Dans un saladier, mélanger les poivrons avec les oignons et les autres ingrédients, mélanger, répartir dans des petits verres et servir.

Nutrition:calories 160, lipides 6, fibres 3, glucides 10,9, protéines 5,2

crème d'avocat

Temps de préparation : 4 minutes.
Temps de cuisson : 0 minute.
Portions : 4

Ingrédients:
- 2 cuillères d'aneth haché
- 1 échalote hachée
- 2 gousses d'ail, hachées
- 2 avocats, pelés, dénoyautés et tranchés
- 1 tasse de crème de noix de coco
- 2 cuillères d'huile d'olive
- 2 cuillères de jus de citron vert
- poivre noir au goût

Adresses :
1. Mélanger l'avocat avec l'échalote, l'ail et le reste des ingrédients dans un mélangeur, bien mélanger, répartir dans de petits bols et servir comme collation.

Nutrition:calories 300, lipides 22,3, fibres 6,4, glucides 42, protéines 8,9

sauce au maïs

Temps de préparation : 30 minutes.
Temps de cuisson : 0 minute.
Portions : 4

Ingrédients:
- Une pincée de poivre de cayenne
- Une pincée de poivre noir
- 2 tasses de maïs
- 1 tasse de crème de noix de coco
- 2 cuillères de jus de citron
- 2 cuillères d'huile d'avocat

Adresses :
1. Mélanger le maïs avec la crème et le reste des ingrédients dans un mélangeur, bien écraser, répartir dans des bols et servir comme trempette de fête.

Nutrition:calories 215, lipides 16,2, fibres 3,8, glucides 18,4, protéines 4

bâtonnets de haricots

Temps de préparation : 2 heures.
Temps de cuisson : 0 minute.
Portions : 12

Ingrédients:
- 1 tasse de haricots noirs en conserve, sans sel ajouté, égouttés
- 1 tasse de flocons de noix de coco non sucrés
- 1 tasse de beurre clarifié
- ½ tasse de graines de chia
- ½ tasse de crème de noix de coco

Adresses :
1. Combinez les haricots avec les flocons de noix de coco et les autres ingrédients dans un mélangeur, mélangez bien, étalez sur un moule carré, pressez, réfrigérez pendant 2 heures, coupez en bâtonnets moyens et servez.

Nutrition:calories 141, lipides 7, fibres 5, glucides 16,2, protéines 5

Un mélange de graines de citrouille et de chips de pommes

Temps de préparation : 10 minutes.
Temps de cuisson : 2 heures.
Portions : 4

Ingrédients:
- aérosol de cuisson
- 2 cuillères à café de muscade moulue
- 1 tasse de graines de citrouille
- 2 pommes, évidées et coupées en fines tranches

Adresses :
1. Placer les graines de citrouille et les chips de pomme sur une plaque à pâtisserie recouverte de papier cuisson, saupoudrer de muscade, enduire d'un aérosol de cuisson, mettre au four et cuire à 300 degrés F pendant 2 heures.
2. Répartir dans des bols et servir comme collation.

Nutrition: calories 80, lipides 0, fibres 3, glucides 7, protéines 4

Trempette aux tomates et au yogourt

Temps de préparation : 5 minutes.
Temps de cuisson : 0 minute.
Portions : 4

Ingrédients:
- 2 tasses de yogourt grec sans gras
- 1 cuillerée de persil haché
- ¼ tasse de tomates en conserve, sans sel ajouté, hachées
- 2 cuillères de ciboulette hachée
- poivre noir au goût

Adresses :
1. Mélanger le yogourt avec le persil et les autres ingrédients dans un bol, bien battre, répartir dans de petits bols et servir comme sauce de fête.

Nutrition:calories 78, lipides 0, fibres 0,2, glucides 10,6, protéines 8,2

Bols de betterave cayenne

Temps de préparation : 10 minutes.
Temps de cuisson : 35 minutes.
Portions : 2

Ingrédients:
- 1 cuillère à café de poivre de Cayenne
- 2 betteraves, pelées et coupées en dés
- 1 cuillère à café de romarin séché
- 1 cuillère d'huile d'olive
- 2 cuillères à café de jus de citron vert

Adresses :
1. Dans un plat allant au four, combiner les morceaux de betterave avec le poivre de Cayenne et les ingrédients restants, mélanger, mettre au four, cuire à 355 degrés F pendant 35 minutes, répartir dans de petits bols et servir comme collation.

Nutrition:calories 170, lipides 12,2, fibres 7, glucides 15,1, protéines 6

Bols aux noix de pécan et aux noix

Temps de préparation : 10 minutes.
Temps de cuisson : 10 minutes.
Portions : 4

Ingrédients:
- 2 tasses de noix
- 1 tasse de noix hachées
- 1 cuillère à café d'huile d'avocat
- ½ cuillère à café de piment doux

Adresses :
1. Étalez les raisins et les noix sur une plaque à pâtisserie tapissée, ajoutez l'huile et le paprika, mélangez et faites cuire à 400 degrés F pendant 10 minutes.
2. Répartir dans des bols et servir comme collation.

Nutrition:calories 220, lipides 12,4, fibres 3, glucides 12,9, protéines 5,6

Muffins au saumon et persil

Temps de préparation : 10 minutes.
Temps de cuisson : 25 minutes.
Portions : 4

Ingrédients:

- 1 tasse de fromage mozzarella faible en gras, râpé
- 8 onces de saumon fumé, sans peau, désossé et haché
- 1 tasse de farine d'amande
- 1 œuf battu
- 1 cuillère à café de persil séché
- 1 gousse d'ail hachée
- poivre noir au goût
- aérosol de cuisson

Adresses :

1. Dans un bol, combiner le saumon avec la mozzarella et les autres ingrédients à l'exception de l'aérosol de cuisson et bien mélanger.
2. Répartir ce mélange dans un moule à muffins graissé avec un aérosol de cuisson, cuire au four à 375 degrés F pendant 25 minutes et servir comme collation.

Nutrition:calories 273, lipides 17, fibres 3,5, glucides 6,9, protéines 21,8

balles de squash

Temps de préparation : 10 minutes.
Temps de cuisson : 20 minutes.
Portions : 8

Ingrédients:
- Un peu d'huile d'olive
- 1 grosse citrouille, pelée et hachée
- 2 cuillères de coriandre hachée
- 2 oeufs battus
- ½ tasse de farine de blé entier
- poivre noir au goût
- 2 échalotes hachées
- 2 gousses d'ail, hachées

Adresses :
1. Dans un bol, mélanger la citrouille avec la coriandre et les autres ingrédients sauf l'huile, bien mélanger et former des boules moyennes à partir de ce mélange.
2. Placez-les sur une plaque à pâtisserie tapissée de papier sulfurisé, badigeonnez-les d'huile, faites cuire à 400 degrés F pendant 10 minutes de chaque côté, répartissez dans des bols et servez.

Nutrition:calories 78, lipides 3, fibres 0,9, glucides 10,8, protéines 2,7

Plats à l'oignon avec fromage perlé

Temps de préparation : 10 minutes.
Temps de cuisson : 30 minutes.
Portions : 8

Ingrédients:

- 20 oignons blancs, pelés
- 3 cuillères de persil haché
- 1 cuillerée de ciboulette ciselée
- poivre noir au goût
- 1 tasse de mozzarella écrémé, râpé
- 1 cuillère d'huile d'olive

Adresses :

1. Répartir les oignons perlés sur une plaque chemisée, ajouter l'huile, le persil, la ciboulette et le poivre noir et mélanger.
2. Garnir de mozzarella, cuire au four à 390 degrés F pendant 30 minutes, répartir dans des bols et servir froid comme collation.

Nutrition:calories 136, lipides 2,7, fibres 6, glucides 25,9, protéines 4,1

bâtonnets de brocoli

Temps de préparation : 10 minutes.
Temps de cuisson : 25 minutes.
Portions : 8

Ingrédients:

- 1 livre de bouquets de brocoli, hachés
- ½ tasse de fromage mozzarella faible en gras, râpé
- 2 oeufs battus
- 1 cuillère à café d'origan séché
- 1 cuillère à café de basilic séché
- poivre noir au goût

Adresses :

1. Dans un bol, mélanger le brocoli avec le fromage et les autres ingrédients, bien mélanger, étaler en forme de rectangle et bien presser au fond.
2. Placer dans un four à 380 degrés F, cuire au four pendant 25 minutes, couper en barres et servir froid.

Nutrition:calories 46, lipides 1,3, fibres 1,8, glucides 4,2, protéines 5

Sauce ananas et tomate

Temps de préparation : 10 minutes.
Temps de cuisson : 40 minutes.
Portions : 4

Ingrédients:
- 20 onces d'ananas en conserve, égouttés et coupés en dés
- 1 tasse de tomates séchées au soleil, coupées en dés
- 1 cuillère à soupe de basilic haché
- 1 cuillère d'huile d'avocat
- 1 cuillère à café de jus de citron vert
- 1 tasse d'olives noires dénoyautées et tranchées
- poivre noir au goût

Adresses :
1. Mélanger les cubes d'ananas avec les tomates et les autres ingrédients dans un bol, mélanger, répartir dans des verres plus petits et servir comme collation.

Nutrition:calories 125, lipides 4,3, fibres 3,8, glucides 23,6, protéines 1,5

Un mélange de dinde et d'artichauts

Temps de préparation : 5 minutes.
Temps de cuisson : 25 minutes.
Portions : 4

Ingrédients:

- 2 cuillères d'huile d'olive
- 1 poitrine de dinde, sans peau, désossée et tranchée
- Une pincée de poivre noir
- 1 cuillère à soupe de basilic haché
- 3 gousses d'ail, hachées
- 14 onces d'artichauts en conserve, sans sel ajouté, hachés
- 1 tasse de crème de noix de coco
- ¾ tasse de mozzarella écrémé, râpé

Adresses :

1. Faire chauffer une poêle avec de l'huile à feu moyen-élevé, ajouter la viande, l'ail et le poivre noir, remuer et cuire 5 minutes.
2. Ajouter le reste des ingrédients sauf le fromage, mélanger et cuire à feu doux pendant 15 minutes.
3. Saupoudrer de fromage, cuire le tout encore 5 minutes, répartir sur des assiettes et servir.

Nutrition:calories 300, lipides 22,2, fibres 7,2, glucides 16,5, protéines 13,6

Mélange d'origan à la dinde

Temps de préparation : 10 minutes.
Temps de cuisson : 30 minutes.
Portions : 4

Ingrédients:
- 2 cuillères d'huile d'avocat
- 1 oignon rouge, haché
- 2 gousses d'ail, hachées
- Une pincée de poivre noir
- 1 cuillère d'origan moulu
- 1 grosse poitrine de dinde, sans peau, désossée et coupée en dés
- 1 et ½ tasse de bouillon de bœuf faible en sodium
- 1 cuillerée de ciboulette ciselée

Adresses :
1. Faire chauffer une poêle avec de l'huile à feu moyen, ajouter l'oignon, remuer et faire revenir pendant 3 minutes.
2. Ajouter l'ail et la viande, remuer et cuire encore 3 minutes.
3. Ajouter les autres ingrédients, mélanger, cuire le tout à feu doux pendant 25 minutes, répartir dans des assiettes et servir.

Nutrition:calories 76, lipides 2,1, fibres 1,7, glucides 6,4, protéines 8,3

poulet orange

Temps de préparation : 10 minutes.
Temps de cuisson : 35 minutes.
Portions : 4

Ingrédients:

- 1 cuillère d'huile d'avocat
- 1 livre de poitrine de poulet, sans peau, désossée et coupée en deux
- 2 gousses d'ail, hachées
- 2 échalotes hachées
- ½ tasse de jus d'orange
- 1 cuillère à soupe de zeste d'orange
- 3 cuillères de vinaigre balsamique
- 1 cuillère à café de romarin moulu

Adresses :

1. Faire chauffer une poêle avec de l'huile à feu moyen-élevé, ajouter l'échalote et l'ail, remuer et faire revenir pendant 2 minutes.
2. Ajouter la viande, mélanger délicatement et cuire encore 3 minutes.
3. Ajouter le reste des ingrédients, mélanger, placer le moule au four et cuire à 340 degrés F pendant 30 minutes.
4. Répartir dans les assiettes et servir.

Nutrition:calories 159, lipides 3,4, fibres 0,5, glucides 5,4, protéines 24,6

Dinde à l'ail et champignons

Temps de préparation : 10 minutes.
Temps de cuisson : 40 minutes.
Portions : 4

Ingrédients:

- 1 poitrine de dinde, désossée, sans peau et coupée en dés
- ½ livre de champignons blancs, coupés en deux
- 1/3 tasse d'acides aminés de noix de coco
- 2 gousses d'ail, hachées
- 2 cuillères d'huile d'olive
- Une pincée de poivre noir
- 2 oignons verts hachés
- 3 cuillères de sauce à l'ail
- 1 cuillère à soupe de romarin haché

Adresses :

1. Faire chauffer une poêle avec de l'huile à feu moyen, ajouter la ciboule, la sauce à l'ail et l'ail et faire revenir pendant 5 minutes.
2. Ajouter la viande et faire revenir encore 5 minutes.
3. Ajouter le reste des ingrédients, mettre au four et cuire à 390 degrés F pendant 30 minutes.
4. Répartir le mélange dans les assiettes et servir.

Nutrition:calories 154, lipides 8,1, fibres 1,5, glucides 11,5, protéines 9,8

Casserole pour poulet et olives

Temps de préparation : 10 minutes.
Temps de cuisson : 25 minutes.
Portions : 4

Ingrédients:
- 1 livre de poitrines de poulet désossées et sans peau, coupées en dés
- Une pincée de poivre noir
- 1 cuillère d'huile d'avocat
- 1 oignon rouge, haché
- 1 tasse de lait de coco
- 1 cuillère de jus de citron
- 1 tasse d'olives kalamata, dénoyautées et tranchées
- ¼ tasse de coriandre hachée

Adresses :
1. Faites chauffer une poêle avec de l'huile à feu moyen-élevé, ajoutez l'oignon et la viande et faites revenir pendant 5 minutes.
2. Ajouter les autres ingrédients, mélanger, porter à ébullition et cuire à feu doux encore 20 minutes.
3. Répartir dans les assiettes et servir.

Nutrition:calories 409, lipides 26,8, fibres 3,2, glucides 8,3, protéines 34,9

Mélange balsamique de pêches à la dinde

Temps de préparation : 10 minutes.
Temps de cuisson : 25 minutes.
Portions : 4

Ingrédients:
- 1 cuillère d'huile d'avocat
- 1 poitrine de dinde, sans peau, désossée et tranchée
- Une pincée de poivre noir
- 1 oignon jaune haché
- 4 pêches, dénoyautées et coupées en lunes
- ¼ tasse de vinaigre balsamique
- 2 cuillères de ciboulette hachée

Adresses :
1. Faire chauffer une poêle avec de l'huile à feu moyen-élevé, ajouter la viande et l'oignon, remuer et faire revenir pendant 5 minutes.
2. Ajouter le reste des ingrédients sauf l'oignon, mélanger délicatement et cuire au four à 390 degrés F pendant 20 minutes.
3. Répartissez le tout dans des assiettes et servez avec de la ciboulette saupoudrée.

Nutrition:calories 123, lipides 1,6, fibres 3,3, glucides 18,8, protéines 9,1

Poulet à la noix de coco et épinards

Temps de préparation : 10 minutes.
Temps de cuisson : 25 minutes.
Portions : 4

Ingrédients:
- 1 cuillère d'huile d'avocat
- 1 livre de poitrine de poulet, sans peau, désossée et coupée en dés
- ½ cuillère à café de basilic séché
- Une pincée de poivre noir
- ¼ tasse de bouillon de légumes à faible teneur en sodium
- 2 tasses de pousses d'épinards
- 2 échalotes hachées
- 2 gousses d'ail, hachées
- ½ cuillère à café de piment doux
- 2/3 tasse de crème de noix de coco
- 2 cuillères de coriandre hachée

Adresses :
1. Faire chauffer une poêle avec de l'huile à feu moyen-vif, ajouter la viande, le basilic, le poivre noir et faire revenir pendant 5 minutes.
2. Ajouter les échalotes et l'ail et cuire encore 5 minutes.
3. Ajouter les autres ingrédients, mélanger, porter à ébullition et cuire à feu doux encore 15 minutes.
4. Répartir dans les assiettes et servir chaud.

Nutrition:calories 237, lipides 12,9, fibres 1,6, glucides 4,7, protéines 25,8

Un mélange de poulet et d'asperges

Temps de préparation : 10 minutes.
Temps de cuisson : 25 minutes.
Portions : 4

Ingrédients:

- 2 poitrines de poulet sans peau, désossées et coupées en dés
- 2 cuillères d'huile d'avocat
- 2 oignons nouveaux hachés
- 1 botte d'asperges, parées et coupées en deux
- ½ cuillère à café de piment doux
- Une pincée de poivre noir
- 14 onces de tomates en conserve, sans sel ajouté, égouttées et hachées

Adresses :

1. Faire chauffer la poêle avec l'huile à feu moyen-élevé, ajouter la viande et l'oignon nouveau, mélanger et faire revenir pendant 5 minutes.
2. Ajouter les asperges et les autres ingrédients, mélanger, couvrir la casserole et cuire à feu doux pendant 20 minutes.
3. Répartissez le tout sur des assiettes et servez.

Nutrition:calories 171, lipides 6,4, fibres 2,6, glucides 6,4, protéines 22,2

Dinde et brocoli crémeux

Temps de préparation : 10 minutes.
Temps de cuisson : 25 minutes.
Portions : 4

Ingrédients:
- 1 cuillère d'huile d'olive
- 1 grosse poitrine de dinde, sans peau, désossée et coupée en dés
- 2 tasses de bouquets de brocoli
- 2 échalotes hachées
- 2 gousses d'ail, hachées
- 1 cuillère à soupe de basilic haché
- 1 cuillère à soupe de coriandre hachée
- ½ tasse de crème de noix de coco

Adresses :
1. Faire chauffer une poêle avec de l'huile à feu moyen-élevé, ajouter la viande, les échalotes et l'ail, mélanger et faire revenir pendant 5 minutes.
2. Ajouter le brocoli et les autres ingrédients, mélanger le tout, cuire 20 minutes à feu moyen, répartir sur des assiettes et servir.

Nutrition:calories 165, lipides 11,5, fibres 2,1, glucides 7,9, protéines 9,6

Mélange de haricots verts au poulet et à l'aneth

Temps de préparation : 10 minutes.
Temps de cuisson : 25 minutes.
Portions : 4

Ingrédients:

- 2 cuillères d'huile d'olive
- 10 onces de haricots verts, parés et coupés en deux
- 1 oignon jaune haché
- 1 cuillère à soupe d'aneth haché
- 2 poitrines de poulet, sans peau, désossées et coupées en deux
- 2 tasses de sauce tomate, sans sel ajouté
- ½ cuillère à café de flocons de piment rouge, broyés

Adresses :

1. Faire chauffer l'huile dans une poêle à feu moyen-élevé, ajouter l'oignon et la viande et cuire 2 minutes de chaque côté.
2. Ajouter les haricots verts et les ingrédients restants, mélanger, mettre au four et cuire à 380 degrés F pendant 20 minutes.
3. Répartir dans les assiettes et servir immédiatement.

Nutrition:calories 391, lipides 17,8, fibres 5, glucides 14,8, protéines 43,9

Courgettes au poulet et piment

Temps de préparation : 5 minutes.
Temps de cuisson : 25 minutes.
Portions : 4

Ingrédients:

- 1 livre de poitrines de poulet désossées et sans peau, coupées en dés
- 1 tasse de bouillon de poulet faible en sodium
- 2 courgettes, coupées en dés
- 1 cuillère d'huile d'olive
- 1 tasse de tomates en conserve, sans sel ajouté, hachées
- 1 oignon jaune haché
- 1 cuillère à café de piment en poudre
- 1 cuillère à soupe de coriandre hachée

Adresses :

1. Faire chauffer une poêle avec de l'huile à feu moyen-élevé, ajouter la viande et l'oignon, remuer et faire revenir pendant 5 minutes.
2. Ajouter les courgettes et le reste des ingrédients, mélanger délicatement, réduire le feu à moyen et cuire 20 minutes.
3. Répartissez le tout sur des assiettes et servez.

Nutrition:calories 284, lipides 12,3, fibres 2,4, glucides 8, protéines 35

Un mélange d'avocat et de poulet

Temps de préparation : 10 minutes.
Temps de cuisson : 20 minutes.
Portions : 4

Ingrédients:
- 2 poitrines de poulet, sans peau, désossées et coupées en deux
- jus de ½ citron
- 2 cuillères d'huile d'olive
- 2 gousses d'ail, hachées
- ½ tasse de bouillon de légumes à faible teneur en sodium
- 1 avocat, pelé, dénoyauté et coupé en quartiers
- Une pincée de poivre noir

Adresses :
1. Faites chauffer une poêle avec de l'huile à feu moyen, ajoutez l'ail et la viande et faites revenir 2 minutes de chaque côté.
2. Ajouter le jus de citron et les autres ingrédients, porter à ébullition et cuire à feu doux pendant 15 minutes.
3. Répartir l'ensemble du mélange dans des assiettes et servir.

Nutrition:calories 436, lipides 27,3, fibres 3,6, glucides 5,6, protéines 41,8

Dinde et Bok Choy

Temps de préparation : 10 minutes.
Temps de cuisson : 20 minutes.
Portions : 4

Ingrédients:
- 1 poitrine de dinde, désossée, sans peau et coupée en dés
- 2 oignons nouveaux hachés
- 1 livre de bok choy, déchiré
- 2 cuillères d'huile d'olive
- ½ cuillère à café de gingembre râpé
- Une pincée de poivre noir
- ½ tasse de bouillon de légumes à faible teneur en sodium

Adresses :
1. Chauffer la casserole avec l'huile à feu moyen-élevé, ajouter l'oignon de printemps et le gingembre et faire revenir pendant 2 minutes.
2. Ajouter la viande et faire sauter encore 5 minutes.
3. Ajouter les autres ingrédients, mélanger, cuire encore 13 minutes, répartir dans les assiettes et servir.

Nutrition:calories 125, lipides 8, fibres 1,7, glucides 5,5, protéines 9,3

Poulet avec mélange d'oignons rouges

Temps de préparation : 10 minutes.
Temps de cuisson : 25 minutes.
Portions : 4

Ingrédients:

- 2 poitrines de poulet sans peau, désossées et coupées en dés
- 3 oignons rouges, tranchés
- 2 cuillères d'huile d'olive
- 1 tasse de bouillon de légumes à faible teneur en sodium
- Une pincée de poivre noir
- 1 cuillère à soupe de coriandre hachée
- 1 cuillerée de ciboulette ciselée

Adresses :

1. Faites chauffer une poêle avec de l'huile à feu doux, ajoutez l'oignon et une pincée de poivre noir et faites revenir pendant 10 minutes en remuant fréquemment.
2. Ajouter le poulet et cuire encore 3 minutes.
3. Ajouter le reste des ingrédients, porter à ébullition et cuire à feu doux encore 12 minutes.
4. Répartir le mélange de poulet et d'oignons dans les assiettes et servir.

Nutrition: calories 364, lipides 17,5, fibres 2,1, glucides 8,8, protéines 41,7

Riz et dinde chaude

Temps de préparation : 10 minutes.
Temps de cuisson : 42 minutes.
Portions : 4

Ingrédients:

- 1 poitrine de dinde, sans peau, désossée et coupée en dés
- 1 tasse de riz blanc
- 2 tasses de bouillon de légumes à faible teneur en sodium
- 1 cuillère à café de piment fort
- 2 petits piments serrano, hachés
- 2 gousses d'ail, hachées
- 2 cuillères d'huile d'olive
- ½ poivron rouge haché
- Une pincée de poivre noir

Adresses :

1. Chauffer une poêle avec de l'huile à feu moyen, ajouter les poivrons serrano et l'ail et faire revenir pendant 2 minutes.
2. Ajouter la viande et faire revenir 5 minutes.
3. Ajouter le riz et les autres ingrédients, porter à ébullition et cuire à feu doux pendant 35 minutes.
4. Mélanger, répartir dans des assiettes et servir.

Nutrition: calories 271, lipides 7,7, fibres 1,7, glucides 42, protéines 7,8

Poulet au citron et poireaux

Temps de préparation : 10 minutes.
Temps de cuisson : 40 minutes.
Portions : 4

Ingrédients:

- 1 livre de poitrine de poulet, sans peau, désossée et coupée en dés
- Une pincée de poivre noir
- 2 cuillères d'huile d'avocat
- 1 cuillère à soupe de sauce tomate, sans ajouter de sel
- 1 tasse de bouillon de légumes à faible teneur en sodium
- 4 poireaux, hachés
- ½ tasse de jus de citron

Adresses :

1. Faire chauffer une poêle avec de l'huile à feu moyen, ajouter les poireaux, remuer et faire revenir pendant 10 minutes.
2. Ajouter le poulet et les autres ingrédients, mélanger, cuire à feu doux encore 20 minutes, répartir sur des assiettes et servir.

Nutrition: calories 199, lipides 13,3, fibres 5, glucides 7,6, protéines 17,4

Dinde au mélange de chou de Milan

Temps de préparation : 10 minutes.
Temps de cuisson : 35 minutes.
Portions : 4

Ingrédients:
- 1 grosse poitrine de dinde, sans peau, désossée et coupée en dés
- 1 tasse de bouillon de poulet faible en sodium
- 1 cuillère à soupe d'huile de noix de coco fondue
- 1 chou de Milan, râpé
- 1 cuillère à café de piment en poudre
- 1 cuillère à café de piment doux
- 1 gousse d'ail hachée
- 1 oignon jaune haché
- Une pincée de sel et de poivre noir.

Adresses :
1. Faire chauffer une poêle avec de l'huile à feu doux, ajouter la viande et faire revenir 5 minutes.
2. Ajouter l'ail et l'oignon, mélanger et faire revenir encore 5 minutes.
3. Ajouter le chou et les autres ingrédients, mélanger, porter à ébullition et cuire à feu doux pendant 25 minutes.
4. Répartissez le tout sur des assiettes et servez.

Nutrition:calories 299, lipides 14,5, fibres 5, glucides 8,8, protéines 12,6

Poulet aux poivrons et oignons

Temps de préparation : 10 minutes.
Temps de cuisson : 30 minutes.
Portions : 4

Ingrédients:

- 1 livre de poitrine de poulet, sans peau, désossée et tranchée
- 4 oignons nouveaux hachés
- 1 cuillère d'huile d'olive
- 1 cuillère de piment doux
- 1 tasse de bouillon de poulet faible en sodium
- 1 cuillère de gingembre râpé
- 1 cuillère à café d'origan séché
- 1 cuillère à café de cumin, moulu
- 1 cuillère à café de piment de la Jamaïque, moulu
- ½ tasse de coriandre hachée
- Une pincée de poivre noir

Adresses :

1. Faire chauffer une poêle avec de l'huile à feu moyen, ajouter l'oignon et la viande et faire revenir pendant 5 minutes.
2. Ajouter le reste des ingrédients, mélanger, mettre au four et cuire à 390 degrés F pendant 25 minutes.
3. Répartir le mélange de poulet et d'oignons dans les assiettes et servir.

Nutrition:calories 295, lipides 12,5, fibres 6,9, glucides 22,4, protéines 15,6

Sauce poulet et moutarde

Temps de préparation : 10 minutes.
Temps de cuisson : 35 minutes.
Portions : 4

Ingrédients:
- 1 livre de cuisses de poulet désossées et sans peau
- 1 cuillère d'huile d'avocat
- 2 cuillères à soupe de moutarde
- 1 échalote hachée
- 1 tasse de bouillon de poulet faible en sodium
- Une pincée de sel et de poivre noir.
- 3 gousses d'ail, hachées
- ½ cuillère à café de basilic séché

Adresses :
1. Faites chauffer une poêle avec de l'huile à feu moyen, ajoutez l'échalote, l'ail et le poulet et faites revenir le tout pendant 5 minutes.
2. Ajouter la moutarde et les autres ingrédients, mélanger délicatement, porter à ébullition et cuire à feu doux pendant 30 minutes.
3. Répartir le tout sur des assiettes et servir chaud.

Nutrition:calories 299, lipides 15,5, fibres 6,6, glucides 30,3, protéines 12,5

Un mélange de poulet et de céleri

Temps de préparation : 10 minutes.
Temps de cuisson : 35 minutes.
Portions : 4

Ingrédients:
- Une pincée de poivre noir
- 2 livres de poitrines de poulet désossées et sans peau, coupées en dés
- 2 cuillères d'huile d'olive
- 1 tasse de céleri haché
- 3 gousses d'ail, hachées
- 1 piment poblano, moulu
- 1 tasse de bouillon de légumes à faible teneur en sodium
- 1 cuillère à café de piment en poudre
- 2 cuillères de ciboulette hachée

Adresses :
1. Faire chauffer une poêle avec de l'huile à feu moyen, ajouter l'ail, le céleri et le piment poblano, remuer et cuire 5 minutes.
2. Ajouter la viande, remuer et cuire encore 5 minutes.
3. Ajouter le reste des ingrédients sauf la ciboulette, porter à ébullition et cuire à feu doux encore 25 minutes.
4. Répartissez le tout dans des assiettes et servez avec une pincée de ciboulette.

Nutrition:calories 305, lipides 18, fibres 13,4, glucides 22,5, protéines 6

Dinde au citron avec pommes de terre grelots

Temps de préparation : 10 minutes.
Temps de cuisson : 40 minutes.
Portions : 4

Ingrédients:

- 1 poitrine de dinde, sans peau, désossée et tranchée
- 2 cuillères d'huile d'olive
- 1 livre de petites pommes de terre, pelées et coupées en deux
- 1 cuillère de piment doux
- 1 oignon jaune haché
- 1 cuillère à café de piment en poudre
- 1 cuillère à café de romarin séché
- 2 tasses de bouillon de poulet faible en sodium
- Une pincée de poivre noir
- Le zeste de 1 citron vert râpé
- 1 cuillère de jus de citron vert
- 1 cuillère à soupe de coriandre hachée

Adresses :

1. Faire chauffer une poêle avec de l'huile à feu moyen, ajouter l'oignon, la poudre de chili et le romarin, remuer et faire revenir pendant 5 minutes.
2. Ajouter la viande et faire sauter encore 5 minutes.
3. Ajouter les pommes de terre et le reste des ingrédients sauf la coriandre, mélanger délicatement, porter à ébullition et cuire à feu doux pendant 30 minutes.
4. Répartir le mélange dans des assiettes et servir avec de la coriandre saupoudrée sur le dessus.

Nutrition:calories 345, lipides 22,2, fibres 12,3, glucides 34,5, protéines 16,4

Poulet à la moutarde

Temps de préparation : 10 minutes.
Temps de cuisson : 25 minutes.
Portions : 4

Ingrédients:

- 2 poitrines de poulet sans peau, désossées et coupées en dés
- 3 tasses de feuilles de moutarde
- 1 tasse de tomates en conserve, sans sel ajouté, hachées
- 1 oignon rouge, haché
- 2 cuillères d'huile d'avocat
- 1 cuillère à café d'origan séché
- 2 gousses d'ail, hachées
- 1 cuillerée de ciboulette ciselée
- 1 cuillerée de vinaigre balsamique
- Une pincée de poivre noir

Adresses :

1. Faites chauffer une poêle avec de l'huile à feu moyen-vif, ajoutez l'oignon et l'ail et faites revenir pendant 5 minutes.
2. Ajoutez la viande et faites-la frire encore 5 minutes.
3. Ajouter les légumes, les tomates et les autres ingrédients, mélanger, cuire 20 minutes à feu moyen, répartir dans des assiettes et servir.

Nutrition:calories 290, lipides 12,3, fibres 6,7, glucides 22,30, protéines 14,3

Poulet et pommes au four

Temps de préparation : 10 minutes.
Temps de cuisson : 50 minutes.
Portions : 4

Ingrédients:
- 2 kilos de cuisses de poulet désossées et sans peau
- 2 cuillères d'huile d'olive
- 2 oignons rouges, tranchés
- Une pincée de poivre noir
- 1 cuillère à café de thym séché
- 1 cuillère à café de basilic séché
- 1 tasse de pommes vertes, évidées et coupées en dés
- 2 gousses d'ail, hachées
- 2 tasses de bouillon de poulet faible en sodium
- 1 cuillère de jus de citron
- 1 tasse de tomates hachées
- 1 cuillère à soupe de coriandre hachée

Adresses :

1. Faites chauffer une poêle avec de l'huile à feu moyen-vif, ajoutez l'oignon et l'ail et faites revenir pendant 5 minutes.
2. Ajouter le poulet et cuire encore 5 minutes.
3. Ajouter le thym, le basilic et les autres ingrédients, mélanger délicatement, mettre au four et cuire à 390 degrés F pendant 40 minutes.
4. Répartir le mélange poulet-pomme dans des assiettes et servir.

Nutrition:calories 290, lipides 12,3, fibres 4, glucides 15,7, protéines 10

Poulet chipotle

Temps de préparation : 10 minutes.
Temps de cuisson : 1 heure.
Portions : 6

Ingrédients:
- 2 kilos de cuisses de poulet désossées et sans peau
- 1 oignon jaune haché
- 2 cuillères d'huile d'olive
- 3 gousses d'ail, hachées
- 1 cuillère de graines de coriandre moulues
- 1 cuillère à café de cumin, moulu
- 1 tasse de bouillon de poulet faible en sodium
- 4 cuillères à soupe de pâte de piment chipotle
- Une pincée de poivre noir
- 1 cuillère à soupe de coriandre hachée

Adresses :

1. Faire chauffer une poêle avec de l'huile à feu moyen, ajouter l'oignon et l'ail et faire revenir pendant 5 minutes.
2. Ajouter la viande et faire sauter encore 5 minutes.
3. Ajouter le reste des ingrédients, mélanger, mettre le tout au four et cuire à 390 degrés F pendant 50 minutes.
4. Répartir l'ensemble du mélange dans des assiettes et servir.

Nutrition:calories 280, lipides 12,1, fibres 6,3, glucides 15,7, protéines 12

dinde aux herbes

Temps de préparation : 10 minutes.
Temps de cuisson : 35 minutes.
Portions : 4

Ingrédients:

- 1 grosse poitrine de dinde, désossée, sans peau et tranchée
- 1 cuillerée de ciboulette ciselée
- 1 cuillère d'origan moulu
- 1 cuillère à soupe de basilic haché
- 1 cuillère à soupe de coriandre hachée
- 2 échalotes hachées
- 2 cuillères d'huile d'olive
- 1 tasse de bouillon de poulet faible en sodium
- 1 tasse de tomates hachées
- Sel et poivre noir au goût

Adresses :

1. Faites chauffer une poêle avec de l'huile à feu moyen, ajoutez les échalotes et la viande et faites revenir pendant 5 minutes.
2. Ajouter la ciboule et les autres ingrédients, remuer, porter à ébullition et laisser mijoter 30 minutes.
3. Répartir le mélange dans les assiettes et servir.

Nutrition:calories 290, lipides 11,9, fibres 5,5, glucides 16,2, protéines 9

Sauce poulet et gingembre

Temps de préparation : 10 minutes.
Temps de cuisson : 35 minutes.
Portions : 4

Ingrédients:

- 1 livre de poitrine de poulet, sans peau, désossée et coupée en dés
- 1 cuillère de gingembre râpé
- 1 cuillère d'huile d'olive
- 2 échalotes hachées
- 1 cuillerée de vinaigre balsamique
- Une pincée de poivre noir
- ¾ tasse de bouillon de poulet à faible teneur en sodium
- 1 cuillère à soupe de basilic haché

Adresses :

1. Faire chauffer une poêle avec de l'huile à feu moyen, ajouter l'échalote et le gingembre, remuer et faire revenir pendant 5 minutes.
2. Ajouter le reste des ingrédients sauf le poulet, remuer, porter à ébullition et cuire encore 5 minutes.
3. Ajouter le poulet, mélanger, laisser mijoter le tout pendant 25 minutes, répartir dans des assiettes et servir.

Nutrition:calories 294, lipides 15,5, fibres 3, glucides 15,4, protéines 13,1

Poulet et maïs

Temps de préparation : 10 minutes.
Temps de cuisson : 35 minutes.
Portions : 4

Ingrédients:
- 2 livres de poitrines de poulet désossées et sans peau, coupées en deux
- 2 tasses de maïs
- 2 cuillères d'huile d'avocat
- Une pincée de poivre noir
- 1 cuillère à café de paprika fumé
- 1 botte de ciboulette ciselée
- 1 tasse de bouillon de poulet faible en sodium

Adresses :
1. Faire chauffer une poêle avec de l'huile à feu moyen-élevé, ajouter les oignons nouveaux, remuer et faire revenir pendant 5 minutes.
2. Ajouter le poulet et cuire encore 5 minutes.
3. Ajouter le maïs et les autres ingrédients, remuer, placer la casserole au four et cuire à 390 degrés F pendant 25 minutes.
4. Répartir le mélange dans les assiettes et servir.

Nutrition:calories 270, lipides 12,4, fibres 5,2, glucides 12, protéines 9

Curry de dinde et quinoa

Temps de préparation : 10 minutes.
Temps de cuisson : 40 minutes.
Portions : 4

Ingrédients:

- 1 livre de poitrine de dinde, sans peau, désossée et coupée en dés
- 1 cuillère d'huile d'olive
- 1 tasse de quinoa
- 2 tasses de bouillon de poulet faible en sodium
- 1 cuillère de jus de citron vert
- 1 cuillerée de persil haché
- Une pincée de poivre noir
- 1 cuillère de pâte de curry rouge

Adresses :

1. Faites chauffer une poêle avec de l'huile à feu moyen-élevé, ajoutez la viande et faites-la frire pendant 5 minutes.
2. Ajouter le quinoa et les autres ingrédients, remuer, porter à ébullition et cuire à feu doux pendant 35 minutes.
3. Répartissez le tout sur des assiettes et servez.

Nutrition: calories 310, lipides 8,5, fibres 11, glucides 30,4, protéines 16,3

Panais au carvi de dinde

Temps de préparation : 10 minutes.
Temps de cuisson : 40 minutes.
Portions : 4

Ingrédients:

- 1 livre de poitrine de dinde, sans peau, désossée et coupée en dés
- 2 panais, pelés et coupés en dés
- 2 cuillères à café de cumin moulu
- 1 cuillerée de persil haché
- 2 cuillères d'huile d'avocat
- 2 échalotes hachées
- 1 tasse de bouillon de poulet faible en sodium
- 4 gousses d'ail, hachées
- Une pincée de poivre noir

Adresses :

1. Faire chauffer une poêle avec de l'huile à feu moyen, ajouter l'échalote et l'ail et faire revenir pendant 5 minutes.
2. Ajouter la dinde, remuer et cuire encore 5 minutes.
3. Ajouter les panais et le reste des ingrédients, mélanger, cuire à feu doux encore 30 minutes, répartir dans les assiettes et servir.

Nutrition: calories 284, lipides 18,2, fibres 4, glucides 16,7, protéines 12,3

Pois chiches à la dinde et coriandre

Temps de préparation : 10 minutes.
Temps de cuisson : 40 minutes.
Portions : 4

Ingrédients:

- 1 tasse de pois chiches en conserve, sans sel ajouté, égouttés
- 1 tasse de bouillon de poulet faible en sodium
- 1 livre de poitrine de dinde, sans peau, désossée et coupée en dés
- Une pincée de poivre noir
- 1 cuillère à café d'origan séché
- 1 cuillère à café de muscade moulue
- 2 cuillères d'huile d'olive
- 1 oignon jaune haché
- 1 poivron vert haché
- 1 tasse de coriandre hachée

Adresses :

1. Faites chauffer une poêle avec de l'huile à feu moyen, ajoutez l'oignon, le poivron et la viande et faites revenir pendant 10 minutes en remuant fréquemment.
2. Ajouter les autres ingrédients, mélanger, porter à ébullition et cuire à feu doux pendant 30 minutes.
3. Répartir le mélange dans les assiettes et servir.

Nutrition:calories 304, lipides 11,2, fibres 4,5, glucides 22,2, protéines 17

Curry de lentilles à la dinde

Temps de préparation : 10 minutes.
Temps de cuisson : 40 minutes.
Portions : 4

Ingrédients:

- 2 livres de poitrine de dinde, sans peau, désossée et coupée en dés
- 1 tasse de lentilles en conserve, sans sel ajouté, égouttées et rincées
- 1 cuillère de pâte de curry vert
- 1 cuillère à café de garam masala
- 2 cuillères d'huile d'olive
- 1 oignon jaune haché
- 1 gousse d'ail hachée
- Une pincée de poivre noir
- 1 cuillère à soupe de coriandre hachée

Adresses :

1. Faites chauffer une poêle avec de l'huile à feu moyen, ajoutez l'oignon, l'ail et la viande et faites revenir pendant 5 minutes en remuant fréquemment.
2. Ajouter les lentilles et les autres ingrédients, porter à ébullition et cuire à feu doux pendant 35 minutes.
3. Répartir le mélange dans les assiettes et servir.

Nutrition:calories 489, lipides 12,1, fibres 16,4, glucides 42,4, protéines 51,5

Dinde aux haricots et olives

Temps de préparation : 10 minutes.
Temps de cuisson : 35 minutes.
Portions : 4

Ingrédients:

- 1 tasse de haricots noirs, non salés et égouttés
- 1 tasse d'olives vertes, dénoyautées et coupées en deux
- 1 livre de poitrine de dinde, sans peau, désossée et tranchée
- 1 cuillère à soupe de coriandre hachée
- 1 tasse de sauce tomate, sans sel ajouté
- 1 cuillère d'huile d'olive

Adresses :

1. Graisser un plat allant au four avec de l'huile, disposer les tranches de dinde à l'intérieur, ajouter les autres ingrédients, mettre au four et cuire à 380 degrés F pendant 35 minutes.
2. Répartir dans les assiettes et servir.

Nutrition:calories 331, lipides 6,4, fibres 9, glucides 38,5, protéines 30,7

Quinoa au poulet et tomates

Temps de préparation : 10 minutes.
Temps de cuisson : 35 minutes.
Portions : 8

Ingrédients:

- 1 cuillère d'huile d'olive
- 2 livres de poitrines de poulet désossées et sans peau, coupées en deux
- 1 cuillère à café de romarin, moulu
- Une pincée de sel et de poivre noir.
- 2 échalotes hachées
- 1 cuillère d'huile d'olive
- 3 cuillères à soupe de sauce tomate faible en sodium
- 2 tasses de quinoa, déjà cuit

Adresses :

1. Faire chauffer l'huile dans une poêle à feu moyen-vif, ajouter la viande et les échalotes et cuire 2 minutes de chaque côté.
2. Ajouter le romarin et les autres ingrédients, mélanger, mettre au four et cuire à 370 degrés F pendant 30 minutes.
3. Répartir le mélange dans les assiettes et servir.

Nutrition:calories 406, lipides 14,5, fibres 3,1, glucides 28,1, protéines 39

Ailes de poulet aux épices

Temps de préparation : 10 minutes.
Temps de cuisson : 20 minutes.
Portions : 4

Ingrédients:
- 2 livres d'ailes de poulet
- 2 cuillères à café de piment de la Jamaïque, moulu
- 2 cuillères d'huile d'avocat
- 5 gousses d'ail hachées
- poivre noir au goût
- 2 cuillères de ciboulette hachée

Adresses :
1. Mélanger les ailes de poulet avec le piment de la Jamaïque et les autres ingrédients dans un bol et bien mélanger.
2. Placer les ailes de poulet dans une rôtissoire et cuire au four à 400 degrés F pendant 20 minutes.
3. Répartir les ailes de poulet dans les assiettes et servir.

Nutrition:calories 449, lipides 17,8, fibres 0,6, glucides 2,4, protéines 66,1

poulet et petits pois

Temps de préparation : 10 minutes.
Temps de cuisson : 30 minutes.
Portions : 4

Ingrédients:
- 2 livres de poitrines de poulet désossées et sans peau, coupées en dés
- 2 tasses de petits pois
- 2 cuillères d'huile d'olive
- 1 oignon rouge, haché
- 1 tasse de sauce tomate en conserve, sans sel ajouté
- 2 cuillères de persil haché
- Une pincée de poivre noir

Adresses :
1. Faire chauffer une poêle avec de l'huile à feu moyen, ajouter l'oignon et la viande et faire revenir pendant 5 minutes.
2. Ajouter les petits pois et les autres ingrédients, porter à ébullition et laisser mijoter 25 minutes.
3. Répartir le mélange dans les assiettes et servir.

Nutrition:calories 551, lipides 24,2, fibres 3,8, glucides 11,7, protéines 69,4

Un mélange de crevettes et d'ananas

Temps de préparation : 10 minutes.
Temps de cuisson : 10 minutes.
Portions : 4

Ingrédients:
- 1 cuillère d'huile d'olive
- 1 livre de crevettes, décortiquées et épépinées
- 1 tasse d'ananas, pelé et coupé en dés
- jus de 1 citron
- Bouquet de persil haché

Adresses :
1. Faites chauffer une poêle avec de l'huile à feu moyen, ajoutez les crevettes et faites-les revenir 3 minutes de chaque côté.
2. Ajouter les autres ingrédients, cuire le tout encore 4 minutes, répartir dans des bols et servir.

Nutrition:calories 254, lipides 13,3, fibres 6, glucides 14,9, protéines 11

Saumon et olives vertes

Temps de préparation : 10 minutes.
Temps de cuisson : 20 minutes.
Portions : 4

Ingrédients:
- 1 oignon jaune haché
- 1 tasse d'olives vertes, dénoyautées et coupées en deux
- 1 cuillère à café de piment en poudre
- poivre noir au goût
- 2 cuillères d'huile d'olive
- ¼ tasse de bouillon de légumes à faible teneur en sodium
- 4 filets de saumon, sans peau et désossé
- 2 cuillères de ciboulette hachée

Adresses :
1. Faire chauffer une poêle avec de l'huile à feu moyen-vif, ajouter l'oignon et faire revenir pendant 3 minutes.
2. Ajouter le saumon et faire revenir 5 minutes de chaque côté, ajouter les autres ingrédients, cuire le mélange encore 5 minutes, répartir dans les assiettes et servir.

Nutrition:calories 221, lipides 12,1, fibres 5,4, glucides 8,5, protéines 11,2

Saumon et fenouil

Temps de préparation : 5 minutes.
Temps de cuisson : 15 minutes.
Portions : 4

Ingrédients:

- 4 filets de saumon de taille moyenne, sans peau et sans arêtes
- 1 bulbe de fenouil, haché
- ½ tasse de bouillon de légumes à faible teneur en sodium
- 2 cuillères d'huile d'olive
- poivre noir au goût
- ¼ tasse de bouillon de légumes à faible teneur en sodium
- 1 cuillère de jus de citron
- 1 cuillère à soupe de coriandre hachée

Adresses :

1. Faire chauffer une poêle avec de l'huile à feu moyen, ajouter le fenouil et faire revenir pendant 3 minutes.
2. Ajouter le poisson et cuire 4 minutes de chaque côté.
3. Ajouter les autres ingrédients, faire bouillir le tout encore 4 minutes, répartir sur des assiettes et servir.

Nutrition:calories 252, lipides 9,3, fibres 4,2, glucides 12,3, protéines 9

Cabillaud et asperges

Temps de préparation : 10 minutes.
Temps de cuisson : 14 minutes.
Portions : 4

Ingrédients:

- 1 cuillère d'huile d'olive
- 1 oignon rouge, haché
- 1 livre de filets de cabillaud désossés
- 1 botte d'asperges, parées
- poivre noir au goût
- 1 tasse de crème de noix de coco
- 1 cuillerée de ciboulette ciselée

Adresses :

1. Faire chauffer une poêle avec de l'huile à feu moyen, ajouter l'oignon et la morue et faire revenir 3 minutes de chaque côté.
2. Ajouter les autres ingrédients, faire bouillir encore 8 minutes, répartir sur des assiettes et servir.

Nutrition:calories 254, lipides 12,1, fibres 5,4, glucides 4,2, protéines 13,5

crevettes épicées

Temps de préparation : 5 minutes.
Temps de cuisson : 8 minutes.
Portions : 4

Ingrédients:

- 1 cuillère à café de poudre d'ail
- 1 cuillère à café de paprika fumé
- 1 cuillère à café de cumin, moulu
- 1 cuillère à café de piment de la Jamaïque, moulu
- 2 cuillères d'huile d'olive
- 2 livres de crevettes, décortiquées et épépinées
- 1 cuillerée de ciboulette ciselée

Adresses :

1. Faire chauffer une poêle avec de l'huile à feu moyen, ajouter les crevettes, la poudre d'ail et les autres ingrédients, faire revenir 4 minutes de chaque côté, répartir dans des bols et servir.

Nutrition:calories 212, lipides 9,6, fibres 5,3, glucides 12,7, protéines 15,4

Loup de mer et tomates

Temps de préparation : 10 minutes.
Temps de cuisson : 30 minutes.
Portions : 4

Ingrédients:
- 2 cuillères d'huile d'olive
- 2 kilos de filets de bar, sans peau et désossé
- poivre noir au goût
- 2 tasses de tomates cerises, coupées en deux
- 1 cuillerée de ciboulette ciselée
- 1 cuillère à soupe de zeste de citron râpé
- ¼ tasse de jus de citron

Adresses :
1. Graissez un plat à gratin avec de l'huile et mettez-y le poisson.
2. Ajouter les tomates et les autres ingrédients, placer la casserole dans le four et cuire à 380 degrés F pendant 30 minutes.
3. Répartissez le tout sur des assiettes et servez.

Nutrition:calories 272, lipides 6,9, fibres 6,2, glucides 18,4, protéines 9

Crevettes et haricots

Temps de préparation : 10 minutes.
Temps de cuisson : 12 minutes.
Portions : 4

Ingrédients:

- 1 livre de crevettes, déveinées et décortiquées
- 1 cuillère d'huile d'olive
- jus de 1 citron vert
- 1 tasse de haricots noirs en conserve, sans sel ajouté, égouttés
- 1 échalote hachée
- 1 cuillère d'origan moulu
- 2 gousses d'ail, hachées
- poivre noir au goût

Adresses :

1. Chauffer une poêle avec de l'huile à feu moyen-élevé, ajouter l'échalote et l'ail, remuer et faire revenir pendant 3 minutes.
2. Ajouter les crevettes et cuire 2 minutes de chaque côté.
3. Ajouter les haricots et les autres ingrédients, cuire le tout à feu doux pendant encore 5 minutes, répartir dans des bols et servir.

Nutrition:calories 253, lipides 11,6, fibres 6, glucides 14,5, protéines 13,5

Un mélange de crevettes et de raifort

Temps de préparation : 5 minutes.
Temps de cuisson : 8 minutes.
Portions : 4

Ingrédients:
- 1 livre de crevettes, décortiquées et épépinées
- 2 échalotes hachées
- 1 cuillère d'huile d'olive
- 1 cuillerée de ciboulette ciselée
- 2 cuillères à café de raifort préparé
- ¼ tasse de crème de noix de coco
- poivre noir au goût

Adresses :
4 Faites chauffer une poêle avec de l'huile à feu moyen, ajoutez l'échalote et le raifort, remuez et faites revenir pendant 2 minutes.
5 Ajouter les crevettes et les autres ingrédients, mélanger, cuire encore 6 minutes, répartir sur des assiettes et servir.

Nutrition:calories 233, lipides 6, fibres 5, glucides 11,9, protéines 5,4

Salade de crevettes et estragon

Temps de préparation : 4 minutes.
Temps de cuisson : 0 minute.
Portions : 4

Ingrédients:

- 1 livre de crevettes, cuites, décortiquées et déveinées
- 1 cuillère d'estragon moulu
- 1 cuillère à soupe de câpres, égouttées
- 2 cuillères d'huile d'olive
- poivre noir au goût
- 2 tasses de pousses d'épinards
- 1 cuillerée de vinaigre balsamique
- 1 petit oignon rouge, tranché
- 2 cuillères de jus de citron

Adresses :

4 Dans un bol, mélanger les crevettes avec l'estragon et les autres ingrédients, mélanger et servir.

Nutrition:calories 258, lipides 12,4, fibres 6, glucides 6,7, protéines 13,3

Un mélange de cabillaud au parmesan

Temps de préparation : 10 minutes.
Temps de cuisson : 20 minutes.
Portions : 4

Ingrédients:
- 4 filets de cabillaud désossés
- ½ tasse de parmesan faible en gras râpé
- 3 gousses d'ail, hachées
- 1 cuillère d'huile d'olive
- 1 cuillère de jus de citron
- ½ tasse d'oignon vert haché

Adresses :
1. Faire chauffer une poêle avec de l'huile à feu moyen, ajouter l'ail et l'oignon nouveau, remuer et faire revenir pendant 5 minutes.
2. Ajouter le poisson et faire revenir 4 minutes de chaque côté.
3. Ajouter le jus de citron, saupoudrer de parmesan, cuire le tout encore 2 minutes, répartir dans des assiettes et servir.

Nutrition:calories 275, lipides 22,1, fibres 5, glucides 18,2, protéines 12

Un mélange de tilapia et d'oignon rouge

Temps de préparation : 10 minutes.
Temps de cuisson : 15 minutes.
Portions : 4

Ingrédients:
- 4 filets de tilapia, désossés
- 2 cuillères d'huile d'olive
- 1 cuillère de jus de citron
- 2 cuillères à café de zeste de citron râpé
- 2 oignons rouges, hachés
- 3 cuillères de ciboulette hachée

Adresses :
1. Faites chauffer une poêle avec de l'huile à feu moyen, ajoutez l'oignon, le zeste de citron et le jus de citron, remuez et faites revenir pendant 5 minutes.
2. Ajouter le poisson et les oignons nouveaux, faire revenir 5 minutes de chaque côté, répartir dans des assiettes et servir.

Nutrition:calories 254, lipides 18,2, fibres 5,4, glucides 11,7, protéines 4,5

salade de truite

Temps de préparation : 6 minutes.
Temps de cuisson : 0 minute.
Portions : 4

Ingrédients:
- 4 onces de truite fumée, sans peau, désossée et coupée en dés
- 1 cuillère de jus de citron vert
- 1/3 tasse de yogourt faible en gras
- 2 avocats, pelés, dénoyautés et coupés en dés
- 3 cuillères de ciboulette hachée
- poivre noir au goût
- 1 cuillère d'huile d'olive

Adresses :
1. Mélanger la truite avec l'avocat et les autres ingrédients dans un bol, mélanger et servir.

Nutrition:calories 244, lipides 9,45, fibres 5,6, glucides 8,5, protéines 15

Truite balsamique

Temps de préparation : 5 minutes.
Temps de cuisson : 15 minutes.
Portions : 4

Ingrédients:
- 3 cuillères de vinaigre balsamique
- 2 cuillères d'huile d'olive
- 4 filets de truite sans arêtes
- 3 cuillères de persil finement haché
- 2 gousses d'ail, hachées

Adresses :
1. Faites chauffer une poêle avec de l'huile à feu doux, ajoutez la truite et faites revenir 6 minutes de chaque côté.
2. Ajouter les autres ingrédients, cuire encore 3 minutes, répartir dans des assiettes et servir avec une salade.

Nutrition:calories 314, lipides 14,3, fibres 8,2, glucides 14,8, protéines 11,2

saumon persillé

Temps de préparation : 5 minutes.
Temps de cuisson : 12 minutes.
Portions : 4

Ingrédients:

- 2 oignons nouveaux hachés
- 2 cuillères à café de jus de citron vert
- 1 cuillerée de ciboulette ciselée
- 1 cuillère d'huile d'olive
- 4 filets de saumon, désossés
- poivre noir au goût
- 2 cuillères de persil haché

Adresses :

1. Faites chauffer une poêle avec de l'huile à feu doux, ajoutez la ciboulette, mélangez et faites revenir 2 minutes.
2. Ajouter le saumon et les autres ingrédients, faire revenir 5 minutes de chaque côté, répartir sur des assiettes et servir.

Nutrition: calories 290, lipides 14,4, fibres 5,6, glucides 15,6, protéines 9,5

Salade de truite et légumes

Temps de préparation : 5 minutes.
Temps de cuisson : 0 minute.
Portions : 4

Ingrédients:
- 2 cuillères d'huile d'olive
- ½ tasse d'olives kalamata dénoyautées et hachées
- poivre noir au goût
- 1 livre de truite fumée désossée sans peau coupée en dés
- ½ cuillère à café de zeste de citron râpé
- 1 cuillère de jus de citron
- 1 tasse de tomates cerises, coupées en deux
- ½ oignon rouge, coupé en tranches
- 2 tasses de bébé roquette

Adresses :
1. Dans un bol, mélanger la truite fumée avec les olives, le poivre noir et le reste des ingrédients, mélanger et servir.

Nutrition:calories 282, lipides 13,4, fibres 5,3, glucides 11,6, protéines 5,6

saumon au safran

Temps de préparation : 10 minutes.
Temps de cuisson : 12 minutes.
Portions : 4

Ingrédients:
- poivre noir au goût
- ½ cuillère à café de piment doux
- 4 filets de saumon, désossés
- 3 cuillères d'huile d'olive
- 1 oignon jaune haché
- 2 gousses d'ail, hachées
- ¼ cuillère à café de safran en poudre

Adresses :
1. Faire chauffer une poêle avec de l'huile à feu moyen-vif, ajouter l'oignon et l'ail, remuer et faire revenir pendant 2 minutes.
2. Ajouter le saumon et les autres ingrédients, faire revenir 5 minutes de chaque côté, répartir sur des assiettes et servir.

Nutrition:calories 339, lipides 21,6, fibres 0,7, glucides 3,2, protéines 35

Salade aux crevettes et pastèque

Temps de préparation : 10 minutes.
Temps de cuisson : 0 minute.
Portions : 4

Ingrédients:

- ¼ tasse de basilic, haché
- 2 tasses de pastèque, pelée et coupée en dés
- 2 cuillères de vinaigre balsamique
- 2 cuillères d'huile d'olive
- 1 livre de crevettes, décortiquées, déveinées et cuites
- poivre noir au goût
- 1 cuillerée de persil haché

Adresses :

1. Mélanger les crevettes avec le melon et les autres ingrédients dans un bol, mélanger et servir.

Nutrition:calories 220, lipides 9, fibres 0,4, glucides 7,6, protéines 26,4

Salade de crevettes et quinoa à l'origan

Temps de préparation : 5 minutes.
Temps de cuisson : 8 minutes.
Portions : 4

Ingrédients:
- 1 livre de crevettes, décortiquées et épépinées
- 1 tasse de quinoa cuit
- poivre noir au goût
- 1 cuillère d'huile d'olive
- 1 cuillère d'origan moulu
- 1 oignon rouge, haché
- jus de 1 citron

Adresses :
1. Faire chauffer une poêle avec de l'huile à feu moyen-vif, ajouter l'oignon, remuer et faire revenir pendant 2 minutes.
2. Ajouter les crevettes, remuer et cuire 5 minutes.
3. Ajouter les autres ingrédients, mélanger, répartir le tout dans des bols et servir.

Nutrition:calories 336, lipides 8,2, fibres 4,1, glucides 32,3, protéines 32,3

Salade de crabe

Temps de préparation : 10 minutes.
Temps de cuisson : 0 minute.
Portions : 4

Ingrédients:
- 1 cuillère d'huile d'olive
- 2 tasses de chair de crabe
- poivre noir au goût
- 1 tasse de tomates cerises, coupées en deux
- 1 échalote hachée
- 1 cuillère de jus de citron
- 1/3 tasse de coriandre hachée

Adresses :
1. Mélangez le crabe avec les tomates et les autres ingrédients dans un bol, mélangez et servez.

Nutrition:calories 54, lipides 3,9, fibres 0,6, glucides 2,6, protéines 2,3

Moules baumières

Temps de préparation : 4 minutes.
Temps de cuisson : 6 minutes.
Portions : 4

Ingrédients:
- 12 onces de pétoncles
- 2 cuillères d'huile d'olive
- 2 gousses d'ail, hachées
- 1 cuillerée de vinaigre balsamique
- 1 tasse d'oignon, tranché
- 2 cuillères de coriandre hachée

Adresses :
1. Faites chauffer une poêle avec de l'huile à feu doux, ajoutez la ciboulette et l'ail et faites revenir pendant 2 minutes.
2. Ajouter les moules et les autres ingrédients, les faire revenir 2 minutes de chaque côté, répartir sur des assiettes et servir.

Nutrition:calories 146, lipides 7,7, fibres 0,7, glucides 4,4, protéines 14,8

Mélange de crème de plie

Temps de préparation : 10 minutes.
Temps de cuisson : 20 minutes.
Portions : 4

Ingrédients:
- 2 cuillères d'huile d'olive
- 1 oignon rouge, haché
- poivre noir au goût
- ½ tasse de bouillon de légumes à faible teneur en sodium
- 4 filets de plie, désossés
- ½ tasse de crème de noix de coco
- 1 cuillère à soupe d'aneth haché

Adresses :
1. Faire chauffer une poêle avec de l'huile à feu moyen, ajouter l'oignon, remuer et faire revenir pendant 5 minutes.
2. Ajouter le poisson et faire revenir 4 minutes de chaque côté.
3. Ajouter le reste des ingrédients, cuire encore 7 minutes, répartir dans les assiettes et servir.

Nutrition:calories 232, lipides 12,3, fibres 4, glucides 8,7, protéines 12

Un mélange épicé de saumon et de mangue

Temps de préparation : 5 minutes.
Temps de cuisson : 0 minute.
Portions : 4

Ingrédients:
- 1 livre de saumon fumé désossé et sans peau
- poivre noir au goût
- 1 oignon rouge, haché
- 1 mangue, pelée, épépinée et hachée
- 2 piments jalapeños, hachés
- ¼ tasse de persil haché
- 3 cuillères de jus de citron vert
- 1 cuillère d'huile d'olive

Adresses :
2. Dans un bol, mélanger le saumon avec le poivre noir et les autres ingrédients, mélanger et servir.

Nutrition:calories 323, lipides 14,2, fibres 4, glucides 8,5, protéines 20,4

Mélange de crevettes à l'aneth

Temps de préparation : 5 minutes.
Temps de cuisson : 0 minute.
Portions : 4

Ingrédients:
- 2 cuillères à café de jus de citron
- 1 cuillère d'huile d'olive
- 1 cuillère à soupe d'aneth haché
- 1 livre de crevettes, cuites, décortiquées et déveinées
- poivre noir au goût
- 1 tasse de radis coupés en dés

Adresses :
1. Dans un bol, mélanger les crevettes avec le jus de citron et les autres ingrédients, mélanger et servir.

Nutrition:calories 292, lipides 13, fibres 4,4, glucides 8, protéines 16,4

Pâté de saumon

Temps de préparation : 4 minutes.
Temps de cuisson : 0 minute.
Portions : 6

Ingrédients:

- 6 onces de saumon fumé, désossé, sans peau et effiloché
- 2 cuillères à soupe de yaourt faible en gras
- 3 cuillères à café de jus de citron
- 2 oignons nouveaux hachés
- 8 onces de fromage à la crème faible en gras
- ¼ tasse de coriandre hachée

Adresses :

1. Mélanger le saumon avec le yaourt et les autres ingrédients dans un bol, mélanger et servir froid.

Nutrition: calories 272, lipides 15,2, fibres 4,3, glucides 16,8, protéines 9,9

Crevettes aux artichauts

Temps de préparation : 4 minutes.
Temps de cuisson : 8 minutes.
Portions : 4

Ingrédients:

- 2 oignons verts hachés
- 1 tasse d'artichauts en conserve, sans ajouter de sel, égoutter et couper en quartiers
- 2 cuillères de coriandre hachée
- 1 livre de crevettes, décortiquées et épépinées
- 1 tasse de tomates cerises, coupées en dés
- 1 cuillère d'huile d'olive
- 1 cuillerée de vinaigre balsamique
- Une pincée de sel et de poivre noir.

Adresses :

1. Faire chauffer une poêle avec de l'huile à feu moyen, ajouter l'oignon et les artichauts, remuer et cuire 2 minutes.
2. Ajouter les crevettes, remuer et cuire à feu moyen pendant 6 minutes.
3. Répartir le tout dans des bols et servir.

Nutrition:calories 260, lipides 8,23, fibres 3,8, glucides 14,3, protéines 12,4

Crevettes sauce au citron

Temps de préparation : 5 minutes.
Temps de cuisson : 8 minutes.
Portions : 4

Ingrédients:

- 1 livre de crevettes, décortiquées et épépinées
- 2 cuillères d'huile d'olive
- Zeste de 1 citron râpé
- jus de ½ citron
- 1 cuillerée de ciboulette ciselée

Adresses :

1. Faire chauffer l'huile dans une poêle à feu moyen-vif, ajouter le zeste de citron, le jus de citron et la coriandre, remuer et cuire 2 minutes.
2. Ajouter les crevettes, cuire le tout encore 6 minutes, répartir dans des assiettes et servir.

Nutrition:calories 195, lipides 8,9, fibres 0, glucides 1,8, protéines 25,9

Un mélange de thon et d'orange

Temps de préparation : 5 minutes.
Temps de cuisson : 12 minutes.
Portions : 4

Ingrédients:
- 4 steaks de thon désossés
- poivre noir au goût
- 2 cuillères d'huile d'olive
- 2 échalotes hachées
- 3 cuillères de jus d'orange
- 1 orange, pelée et coupée en quartiers
- 1 cuillère d'origan moulu

Adresses :
1. Faire chauffer une poêle avec de l'huile à feu moyen-vif, ajouter les échalotes, remuer et faire revenir pendant 2 minutes.
2. Ajouter le thon et les autres ingrédients, cuire le tout encore 10 minutes, répartir sur des assiettes et servir.

Nutrition:calories 457, lipides 38,2, fibres 1,6, glucides 8,2, protéines 21,8

curry de saumon

Temps de préparation : 10 minutes.
Temps de cuisson : 20 minutes.
Portions : 4

Ingrédients:

- 1 livre de filets de saumon, désossés et coupés en dés
- 3 cuillères à soupe de pâte de curry rouge
- 1 oignon rouge, haché
- 1 cuillère à café de piment doux
- 1 tasse de crème de noix de coco
- 1 cuillère d'huile d'olive
- poivre noir au goût
- ½ tasse de bouillon de poulet faible en sodium
- 3 cuillères de basilic haché

Adresses :

1. Faire chauffer la poêle avec l'huile à feu moyen-élevé, ajouter l'oignon, le poivron et la pâte de curry, mélanger et faire revenir pendant 5 minutes.
2. Ajouter le saumon et les autres ingrédients, mélanger délicatement, cuire à feu doux pendant 15 minutes, répartir dans des bols et servir.

Nutrition:calories 377, lipides 28,3, fibres 2,1, glucides 8,5, protéines 23,9

Un mélange de saumon et de carottes

Temps de préparation : 10 minutes.
Temps de cuisson : 15 minutes.
Portions : 4

Ingrédients:
- 4 filets de saumon, désossés
- 1 oignon rouge, haché
- 2 carottes hachées
- 2 cuillères d'huile d'olive
- 2 cuillères de vinaigre balsamique
- poivre noir au goût
- 2 cuillères de ciboulette hachée
- ¼ tasse de bouillon de légumes à faible teneur en sodium

Adresses :
1. Faites chauffer une poêle avec de l'huile à feu moyen, ajoutez l'oignon et la carotte, mélangez et faites revenir pendant 5 minutes.
2. Ajouter le saumon et les autres ingrédients, cuire le tout encore 10 minutes, répartir sur des assiettes et servir.

Nutrition:calories 322, lipides 18, fibres 1,4, glucides 6, protéines 35,2

Un mélange de crevettes et de pignons de pin

Temps de préparation : 10 minutes.
Temps de cuisson : 10 minutes.
Portions : 4

Ingrédients:
- 1 livre de crevettes, décortiquées et épépinées
- 2 cuillères à soupe de pignons de pin
- 1 cuillère de jus de citron vert
- 2 cuillères d'huile d'olive
- 3 gousses d'ail, hachées
- poivre noir au goût
- 1 cuillère à soupe de thym haché
- 2 cuillères de ciboulette finement ciselée

Adresses :
1. Chauffer la poêle avec de l'huile à feu moyen-élevé, ajouter l'ail, le thym, les pignons de pin et le jus de citron vert, mélanger et faire revenir pendant 3 minutes.
2. Ajouter les crevettes, le poivre noir et la ciboulette, remuer, cuire encore 7 minutes, répartir dans des assiettes et servir.

Nutrition:calories 290, lipides 13, fibres 4,5, glucides 13,9, protéines 10

Cabillaud au piment et haricots verts

Temps de préparation : 10 minutes.
Temps de cuisson : 14 minutes.
Portions : 4

Ingrédients:

- 4 filets de cabillaud désossés
- ½ livre de haricots verts, parés et coupés en deux
- 1 cuillère de jus de citron vert
- 1 cuillère à soupe de zeste de citron vert râpé
- 1 oignon jaune haché
- 2 cuillères d'huile d'olive
- 1 cuillère à café de cumin, moulu
- 1 cuillère à café de piment en poudre
- ½ tasse de bouillon de légumes à faible teneur en sodium
- Une pincée de sel et de poivre noir.

Adresses :

1. Faire chauffer l'huile dans une poêle à feu moyen-élevé, ajouter l'oignon, remuer et cuire 2 minutes.
2. Ajouter le poisson et faire revenir 3 minutes de chaque côté.
3. Ajouter les haricots verts et les autres ingrédients, mélanger délicatement, cuire encore 7 minutes, répartir dans les assiettes et servir.

Nutrition:calories 220, lipides 13, glucides 14,3, fibres 2,3, protéines 12

Pétoncles à l'ail

Temps de préparation : 5 minutes.
Temps de cuisson : 8 minutes.
Portions : 4

Ingrédients:
- 12 pétoncles
- 1 oignon rouge coupé en tranches
- 2 cuillères d'huile d'olive
- ½ cuillère à café d'ail haché
- 2 cuillères de jus de citron
- poivre noir au goût
- 1 cuillère à café de vinaigre balsamique

Adresses :
1. Faire chauffer une poêle avec de l'huile à feu moyen, ajouter l'oignon et l'ail et faire revenir pendant 2 minutes.
2. Ajouter les moules et les autres ingrédients, cuire à feu doux pendant encore 6 minutes, répartir dans les assiettes et servir chaud.

Nutrition:calories 259, lipides 8, fibres 3, glucides 5,7, protéines 7

Mélange de crème de loup de mer

Temps de préparation : 10 minutes.
Temps de cuisson : 14 minutes.
Portions : 4

Ingrédients:
- 4 filets de bar désossés
- 1 tasse de crème de noix de coco
- 1 oignon jaune haché
- 1 cuillère de jus de citron vert
- 2 cuillères d'huile d'avocat
- 1 cuillerée de persil haché
- Une pincée de poivre noir

Adresses :
1. Faire chauffer une poêle avec de l'huile à feu moyen, ajouter l'oignon, remuer et faire revenir pendant 2 minutes.
2. Ajouter le poisson et faire revenir 4 minutes de chaque côté.
3. Ajouter les autres ingrédients, faire bouillir le tout encore 4 minutes, répartir sur des assiettes et servir.

Nutrition:calories 283, lipides 12,3, fibres 5, glucides 12,5, protéines 8

Un mélange de bar et de champignons

Temps de préparation : 10 minutes.
Temps de cuisson : 13 minutes.
Portions : 4

Ingrédients:
- 4 filets de bar désossés
- 2 cuillères d'huile d'olive
- poivre noir au goût
- ½ tasse de champignons blancs, tranchés
- 1 oignon rouge, haché
- 2 cuillères de vinaigre balsamique
- 3 cuillères de coriandre hachée

Adresses :
1. Faire chauffer une poêle avec de l'huile à feu moyen-vif, ajouter l'oignon et les champignons, remuer et cuire 5 minutes.
2. Ajouter le poisson et les autres ingrédients, faire revenir 4 minutes de chaque côté, répartir le tout dans des assiettes et servir.

Nutrition:calories 280, lipides 12,3, fibres 8, glucides 13,6, protéines 14,3

soupe de saumon

Temps de préparation : 5 minutes.
Temps de cuisson : 20 minutes.
Portions : 4

Ingrédients:
- 1 livre de filets de saumon désossés et sans peau, coupés en dés
- 1 tasse d'oignon jaune haché
- 2 cuillères d'huile d'olive
- poivre noir au goût
- 2 tasses de bouillon de légumes à faible teneur en sodium
- 1 et ½ tasses de tomates hachées
- 1 cuillère à soupe de basilic haché

Adresses :
1. Faites chauffer une casserole avec de l'huile à feu moyen, ajoutez l'oignon, remuez et faites revenir pendant 5 minutes.
2. Ajouter le saumon et les autres ingrédients, porter à ébullition et laisser mijoter 15 minutes.
3. Répartir la soupe dans des bols et servir.

Nutrition:calories 250, lipides 12,2, fibres 5, glucides 8,5, protéines 7

Crevettes muscade

Temps de préparation : 3 minutes.
Temps de cuisson : 6 minutes.
Portions : 4

Ingrédients:

- 1 livre de crevettes, décortiquées et épépinées
- 2 cuillères d'huile d'olive
- 1 cuillère de jus de citron
- 1 cuillère de muscade moulue
- poivre noir au goût
- 1 cuillère à soupe de coriandre hachée

Adresses :

1. Faire chauffer une poêle avec de l'huile à feu moyen, ajouter les crevettes, le jus de citron et les autres ingrédients, mélanger, cuire 6 minutes, répartir dans des bols et servir.

Nutrition:calories 205, lipides 9,6, fibres 0,4, glucides 2,7, protéines 26

Un mélange de crevettes et de baies

Temps de préparation : 4 minutes.
Temps de cuisson : 6 minutes.
Portions : 4

Ingrédients:
- 1 livre de crevettes, décortiquées et épépinées
- ½ tasse de tomates, coupées en dés
- 2 cuillères d'huile d'olive
- 1 cuillerée de vinaigre balsamique
- ½ tasse de fraises tranchées
- poivre noir au goût

Adresses :
1. Faire chauffer une poêle avec de l'huile à feu moyen, ajouter les crevettes, remuer et cuire 3 minutes.
2. Ajouter les autres ingrédients, mélanger, cuire encore 3-4 minutes, répartir dans des bols et servir.

Nutrition:calories 205, lipides 9, fibres 0,6, glucides 4, protéines 26,2

Truite citronnée au four

Temps de préparation : 10 minutes.
Temps de cuisson : 30 minutes.
Portions : 4

Ingrédients:

- 4 truites
- 1 cuillère à soupe de zeste de citron râpé
- 2 cuillères d'huile d'olive
- 2 cuillères de jus de citron
- Une pincée de poivre noir
- 2 cuillères de coriandre hachée

Adresses :

1. Mélanger le poisson avec le zeste de citron et les autres ingrédients dans un plat allant au four et frotter.
2. Cuire au four à 370 degrés F pendant 30 minutes, répartir entre les assiettes et servir.

Nutrition:calories 264, lipides 12,3, fibres 5, glucides 7, protéines 11

pétoncles à la ciboulette

Temps de préparation : 3 minutes.
Temps de cuisson : 4 minutes.
Portions : 4

Ingrédients:

- 12 pétoncles
- 2 cuillères d'huile d'olive
- poivre noir au goût
- 2 cuillères de ciboulette hachée
- 1 cuillère de piment doux

Adresses :

1. Faites chauffer une poêle avec de l'huile à feu moyen, ajoutez les moules, le paprika et les autres ingrédients et faites revenir 2 minutes de chaque côté.
2. Répartir sur des assiettes et servir avec une salade.

Nutrition:calories 215, lipides 6, fibres 5, glucides 4,5, protéines 11

boulettes de thon

Temps de préparation : 10 minutes.
Temps de cuisson : 30 minutes.
Portions : 4

Ingrédients:

- 2 cuillères d'huile d'olive
- 1 livre de thon, sans peau, désossé et haché
- 1 oignon jaune haché
- ¼ tasse de ciboulette hachée
- 1 œuf battu
- 1 cuillère à soupe de farine de noix de coco
- Une pincée de sel et de poivre noir.

Adresses :

1. Dans un bol, mélanger le thon avec l'oignon et les autres ingrédients sauf l'huile, bien mélanger et former des boulettes de viande moyennes à partir de ce mélange.
2. Placer les boulettes de viande sur une plaque à pâtisserie, badigeonner d'huile, placer dans un four à 350 degrés F, cuire au four pendant 30 minutes, répartir entre les assiettes et servir.

Nutrition:calories 291, lipides 14,3, fibres 5, glucides 12,4, protéines 11

poêle à saumon

Temps de préparation : 10 minutes.
Temps de cuisson : 12 minutes.
Portions : 4

Ingrédients:

- 4 filets de saumon, désossés et coupés en dés
- 2 cuillères d'huile d'olive
- 1 poivron rouge coupé en lanières
- 1 courgette, coupée en dés grossièrement
- 1 aubergine coupée en cubes
- 1 cuillère de jus de citron
- 1 cuillère à soupe d'aneth haché
- ¼ tasse de bouillon de légumes à faible teneur en sodium
- 1 cuillère à café de poudre d'ail
- Une pincée de poivre noir

Adresses :

1. Faites chauffer une poêle avec de l'huile à feu moyen-élevé, ajoutez le poivron, la courgette et l'aubergine, mélangez et faites revenir pendant 3 minutes.
2. Ajouter le saumon et les autres ingrédients, mélanger délicatement, cuire le tout encore 9 minutes, répartir sur des assiettes et servir.

Nutrition:calories 348, lipides 18,4, fibres 5,3, glucides 11,9, protéines 36,9

Mélanger le cabillaud à la moutarde

Temps de préparation : 10 minutes.
Temps de cuisson : 25 minutes.
Portions : 4

Ingrédients:
- 4 filets de cabillaud, sans peau et sans arêtes
- Une pincée de poivre noir
- 1 cuillère à café de gingembre râpé
- 1 cuillère à soupe de moutarde
- 2 cuillères d'huile d'olive
- 1 cuillère à café de thym séché
- ¼ cuillère à café de cumin moulu
- 1 cuillère à café de poudre de curcuma
- ¼ tasse de coriandre hachée
- 1 tasse de bouillon de légumes à faible teneur en sodium
- 3 gousses d'ail, hachées

Adresses :
1. Mélanger la morue avec le poivre noir, le gingembre et les ingrédients restants dans une rôtissoire, mélanger doucement et rôtir à 380 degrés F pendant 25 minutes.
2. Répartir le mélange dans les assiettes et servir.

Nutrition:calories 176, lipides 9, fibres 1, glucides 3,7, protéines 21,2

Un mélange de crevettes et d'asperges

Temps de préparation : 10 minutes.
Temps de cuisson : 14 minutes.
Portions : 4

Ingrédients:
- 1 botte d'asperges, coupées en deux
- 1 livre de crevettes, décortiquées et épépinées
- poivre noir au goût
- 2 cuillères d'huile d'olive
- 1 oignon rouge, haché
- 2 gousses d'ail, hachées
- 1 tasse de crème de noix de coco

Adresses :
1. Faire chauffer une poêle avec de l'huile à feu moyen, ajouter l'oignon, l'ail et les asperges, remuer et cuire 4 minutes.
2. Ajouter les crevettes et les autres ingrédients, mélanger, cuire à feu doux pendant 10 minutes, répartir le tout dans des bols et servir.

Nutrition:calories 225, lipides 6, fibres 3,4, glucides 8,6, protéines 8

Cabillaud et petits pois

Temps de préparation : 10 minutes.
Temps de cuisson : 20 minutes.
Portions : 4

Ingrédients:
- 1 oignon jaune haché
- 2 cuillères d'huile d'olive
- ½ tasse de bouillon de poulet faible en sodium
- 4 filets de cabillaud, désossés, sans peau
- poivre noir au goût
- 1 tasse de petits pois

Adresses :
1. Faire chauffer une casserole d'huile à feu moyen, ajouter l'oignon, remuer et faire revenir pendant 4 minutes.
2. Ajouter le poisson et faire revenir 3 minutes de chaque côté.
3. Ajouter les petits pois et les autres ingrédients, cuire le tout encore 10 minutes, répartir sur des assiettes et servir.

Nutrition:calories 240, lipides 8,4, fibres 2,7, glucides 7,6, protéines 14

Bols pour crevettes et moules

Temps de préparation : 5 minutes.
Temps de cuisson : 12 minutes.
Portions : 4

Ingrédients:

- 1 livre de moules, lavées
- ½ tasse de bouillon de poulet faible en sodium
- 1 livre de crevettes, décortiquées et épépinées
- 2 échalotes hachées
- 1 tasse de tomates cerises, coupées en dés
- 2 gousses d'ail, hachées
- 1 cuillère d'huile d'olive
- jus de 1 citron

Adresses :

1. Faites chauffer une poêle avec de l'huile à feu moyen, ajoutez l'échalote et l'ail et faites revenir pendant 2 minutes.
2. Ajouter les crevettes, les moules et les autres ingrédients, cuire le tout à feu doux pendant 10 minutes, répartir dans des bols et servir.

Nutrition:calories 240, lipides 4,9, fibres 2,4, glucides 11,6, protéines 8

crème de menthe

Temps de préparation:2 heures et 4 minutes

Temps de cuisson : 0 minute.
Portions : 4

Ingrédients:
- 4 tasses de yogourt faible en gras
- 1 tasse de crème de noix de coco
- 3 cuillères à soupe de stévia
- 2 cuillères à café de zeste de citron vert râpé
- 1 cuillère de menthe moulue

Adresses :
1. Mélanger la crème avec le yaourt et le reste des ingrédients dans un mélangeur, bien mélanger, répartir dans des verres et réfrigérer pendant 2 heures avant de servir.

Nutrition:calories 512, lipides 14,3, fibres 1,5, glucides 83,6, protéines 12,1

pouding aux framboises

Temps de préparation : 10 minutes.
Temps de cuisson : 24 minutes.
Portions : 4

Ingrédients:
- 1 tasse de framboises
- 2 cuillères à café de sucre de coco
- 3 oeufs, battus
- 1 cuillère d'huile d'avocat
- ½ tasse de lait d'amande
- ½ tasse de farine de noix de coco
- ¼ tasse de yogourt sans gras

Adresses :
1. Dans un bol, combiner les framboises avec le sucre et tous les autres ingrédients sauf l'aérosol de cuisson et bien mélanger.
2. Graisser le moule à pudding avec un aérosol de cuisson, ajouter le mélange de framboises, étaler, cuire au four à 400 degrés F pendant 24 minutes, répartir dans les assiettes à dessert et servir.

Nutrition:calories 215, lipides 11,3, fibres 3,4, glucides 21,3, protéines 6,7

barres aux amandes

Temps de préparation : 10 minutes.
Temps de cuisson : 30 minutes.
Portions : 4

Ingrédients:
- 1 tasse d'amandes concassées
- 2 oeufs battus
- ½ tasse de lait d'amande
- 1 cuillère à café d'extrait de vanille
- 2/3 tasse de sucre de coco
- 2 tasses de farine de blé entier
- 1 cuillère à café de levure chimique
- aérosol de cuisson

Adresses :
1. Dans un bol, mélanger les amandes avec les œufs et tous les autres ingrédients sauf l'aérosol de cuisson et bien mélanger.
2. Verser dans un moule carré vaporisé d'enduit à cuisson, bien étaler, cuire au four pendant 30 minutes, laisser refroidir, couper en barres et servir.

Nutrition:calories 463, lipides 22,5, fibres 11, glucides 54,4, protéines 16,9

Un mélange de pêches au four

Temps de préparation : 10 minutes.
Temps de cuisson : 30 minutes.
Portions : 4

Ingrédients:
- 4 pêches, dénoyautées et coupées en deux
- 1 cuillère de sucre de coco
- 1 cuillère à café d'extrait de vanille
- ¼ cuillère à café de cannelle moulue
- 1 cuillère d'huile d'avocat

Adresses :
1. Mélanger les pêches avec le sucre et les autres ingrédients dans un plat allant au four, cuire au four à 375 degrés F pendant 30 minutes, laisser refroidir et servir.

Nutrition:calories 91, lipides 0,8, fibres 2,5, glucides 19,2, protéines 1,7

tarte aux noix de pécan

Temps de préparation : 10 minutes.
Temps de cuisson : 25 minutes.
Portions : 8

Ingrédients:
- 3 tasses de farine d'amande
- 1 tasse de sucre de coco
- 1 cuillère d'extrait de vanille
- ½ tasse de noix hachées
- 2 cuillères à café de bicarbonate de soude
- 2 tasses de lait de coco
- ½ tasse d'huile de noix de coco fondue

Adresses :
1. Mélanger la farine d'amande avec le sucre et les autres ingrédients dans un bol, bien battre, verser dans le moule à gâteau, étaler, mettre au four à 370 degrés F, cuire au four pendant 25 minutes.
2. Laissez le gâteau refroidir, coupez-le en tranches et servez.

Nutrition: calories 445, lipides 10, fibres 6,5, glucides 31,4, protéines 23,5

tarte aux pommes

Temps de préparation : 10 minutes.
Temps de cuisson : 30 minutes.
Portions : 4

Ingrédients:
- 2 tasses de farine d'amande
- 1 cuillère à café de bicarbonate de soude
- 1 cuillère à café de levure chimique
- ½ cuillère à café de cannelle moulue
- 2 cuillères de sucre de coco
- 1 tasse de lait d'amande
- 2 pommes vertes, dénoyautées, pelées et hachées
- aérosol de cuisson

Adresses :
1. Mélanger la farine, le bicarbonate de soude, les pommes et tous les autres ingrédients sauf l'aérosol de cuisson dans un bol et bien mélanger.
2. Versez cela dans un moule à gâteau graissé avec un aérosol de cuisson, étalez bien, placez au four et faites cuire à 360 degrés F pendant 30 minutes.
3. Refroidissez le gâteau, coupez-le en tranches et servez.

Nutrition:calories 332, lipides 22,4, fibres 9 l.6, glucides 22,2, protéines 12,3

crème à la cannelle

Temps de préparation : 2 heures.
Temps de cuisson : 10 minutes.
Portions : 4

Ingrédients:
- 1 tasse de lait d'amande écrémé
- 1 tasse de crème de noix de coco
- 2 tasses de sucre de coco
- 2 cuillères à soupe de cannelle moulue
- 1 cuillère à café d'extrait de vanille

Adresses :
1. Faites chauffer une casserole de lait d'amande à feu moyen, ajoutez les autres ingrédients, fouettez et laissez cuire encore 10 minutes.
2. Répartir le mélange dans des bols, laisser refroidir et réfrigérer 2 heures avant de servir.

Nutrition:calories 254, lipides 7,5, fibres 5, glucides 16,4, protéines 9,5

mélange crémeux aux fraises

Temps de préparation : 10 minutes.
Temps de cuisson : 0 minute.
Portions : 4

Ingrédients:
- 1 cuillère à café d'extrait de vanille
- 2 tasses de fraises tranchées
- 1 cuillère à café de sucre de coco
- 8 onces de yogourt faible en gras

Adresses :
1. Mélanger les fraises avec la vanille et les autres ingrédients dans un bol, mélanger et servir froid.

Nutrition:calories 343, lipides 13,4, fibres 6, glucides 15,43, protéines 5,5

Brownies à la noix de vanille

Temps de préparation : 10 minutes.
Temps de cuisson : 25 minutes.
Portions : 8

Ingrédients:
- 1 tasse de noix hachées
- 3 cuillères à soupe de sucre de coco
- 2 cuillères de cacao en poudre
- 3 oeufs, battus
- ¼ tasse d'huile de noix de coco, fondue
- ½ cuillère à café de levure chimique
- 2 cuillères à café d'extrait de vanille
- aérosol de cuisson

Adresses :
1. Dans un robot culinaire, combiner les noix avec le sucre de coco et tous les autres ingrédients sauf l'aérosol de cuisson et bien mélanger.
2. Vaporiser un moule carré d'un aérosol de cuisson, ajouter le mélange de biscuits, étaler, mettre au four, cuire à 350 degrés F pendant 25 minutes, laisser refroidir, trancher et servir.

Nutrition:calories 370, lipides 14,3, fibres 3, glucides 14,4, protéines 5,6

gâteau aux fraises

Temps de préparation : 10 minutes.
Temps de cuisson : 25 minutes.
Portions : 6

Ingrédients:

- 2 tasses de farine de blé entier
- 1 tasse de fraises hachées
- ½ cuillère à café de bicarbonate de soude
- ½ tasse de sucre de coco
- ¾ tasse de lait de coco
- ¼ tasse d'huile de noix de coco, fondue
- 2 oeufs battus
- 1 cuillère à café d'extrait de vanille
- aérosol de cuisson

Adresses :

1. Dans un bol, mélanger la farine avec les fraises et les autres ingrédients, à l'exception du coca en spray, et bien mélanger.
2. Graisser un moule à gâteau avec un aérosol de cuisson, verser le mélange sur le gâteau, étaler, cuire au four à 350 degrés F pendant 25 minutes, laisser refroidir, trancher et servir.

Nutrition:calories 465, lipides 22,1, fibres 4, glucides 18,3, protéines 13,4

pouding au cacao

Temps de préparation : 10 minutes.
Temps de cuisson : 10 minutes.
Portions : 4

Ingrédients:

- 2 cuillères de sucre de coco
- 3 cuillères à soupe de farine de noix de coco
- 2 cuillères de cacao en poudre
- 2 tasses de lait d'amande
- 2 oeufs battus
- ½ cuillère à café d'extrait de vanille

Adresses :

1. Mettez le lait dans une casserole, ajoutez le cacao et les autres ingrédients, fouettez, laissez cuire à feu doux pendant 10 minutes, versez dans des petits verres et servez frais.

Nutrition:calories 385, lipides 31,7, fibres 5,7, glucides 21,6, protéines 7,3

Crème de noix de muscade et vanille

Temps de préparation : 10 minutes.
Temps de cuisson : 0 minute.
Portions : 6

Ingrédients:
- 3 tasses de lait écrémé
- 1 cuillère à café de muscade moulue
- 2 cuillères à café d'extrait de vanille
- 4 cuillères à café de sucre de coco
- 1 tasse de noix hachées

Adresses :
1. Mélanger le lait avec la noix de muscade et les autres ingrédients dans un bol, bien mélanger, répartir dans de petits verres et servir froid.

Nutrition:calories 243, lipides 12,4, fibres 1,5, glucides 21,1, protéines 9,7

crème d'avocat

Temps de préparation:1 heure et 10 minutes

Temps de cuisson : 0 minute.
Portions : 4

Ingrédients:
- 2 tasses de crème de noix de coco
- 2 avocats, pelés, dénoyautés et écrasés
- 2 cuillères de sucre de coco
- 1 cuillère à café d'extrait de vanille

Adresses :
1. Mixer la crème avec l'avocat et le reste des ingrédients dans un blender, bien mixer, répartir dans des verres et réfrigérer 1h avant de servir.

Nutrition:calories 532, lipides 48,2, fibres 9,4, glucides 24,9, protéines 5,2

crème de framboise

Temps de préparation : 10 minutes.
Temps de cuisson : 25 minutes.
Portions : 4

Ingrédients:
- 2 cuillères à soupe de farine d'amande
- 1 tasse de crème de noix de coco
- 3 tasses de framboises
- 1 tasse de sucre de coco
- 8 onces de fromage à la crème faible en gras

Adresses :
1. Fouetter la farine avec la crème et les autres ingrédients dans un bol, transférer dans une casserole ronde, cuire à 360 degrés F pendant 25 minutes, répartir dans des bols et servir.

Nutrition:calories 429, lipides 36,3, fibres 7,7, glucides 21,3, protéines 7,8

salade de pastèque

Temps de préparation : 4 minutes.
Temps de cuisson : 0 minute.
Portions : 4

Ingrédients:

- 1 tasse de pastèque, pelée et coupée en dés
- 2 pommes, évidées et coupées en cubes
- 1 cuillère de crème de coco
- 2 bananes, coupées en dés

Adresses :

1. Mélangez la pastèque avec les pommes et les autres ingrédients dans un bol, mélangez et servez.

Nutrition:calories 131, lipides 1,3, fibres 4,5, glucides 31,9, protéines 1,3

Un mélange de poires à la noix de coco

Temps de préparation : 10 minutes.
Temps de cuisson : 10 minutes.
Portions : 4

Ingrédients:
- 2 cuillères à café de jus de citron vert
- ½ tasse de crème de noix de coco
- ½ tasse de noix de coco râpée
- 4 poires, dénoyautées et coupées en cubes
- 4 cuillères à soupe de sucre de coco

Adresses :
1. Dans une casserole, mélanger les poires avec le jus de citron et le reste des ingrédients, mélanger, porter à feu doux et cuire 10 minutes.
2. Répartir dans des bols et servir froid.

Nutrition:calories 320, lipides 7,8, fibres 3, glucides 6,4, protéines 4,7

Purée de pomme

Temps de préparation : 10 minutes.
Temps de cuisson : 15 minutes.
Portions : 4

Ingrédients:
- 5 cuillères de sucre de coco
- 2 tasses de jus d'orange
- 4 pommes, évidées et coupées en cubes

Adresses :
1. Mélanger les pommes avec le sucre et le jus d'orange dans une casserole, remuer, porter à ébullition à feu doux, cuire 15 minutes, répartir dans des bols et servir froid.

Nutrition:calories 220, lipides 5,2, fibres 3, glucides 5,6, protéines 5,6

Goulache d'abricot

Temps de préparation : 10 minutes.
Temps de cuisson : 15 minutes.
Portions : 4

Ingrédients:

- 2 tasses d'abricots, coupés en deux
- 2 tasses d'eau
- 2 cuillères de sucre de coco
- 2 cuillères de jus de citron

Adresses :

1. Mélangez les abricots avec l'eau et les autres ingrédients dans une casserole, mélangez, faites cuire à feu doux pendant 15 minutes, répartissez dans des bols et servez.

Nutrition:calories 260, lipides 6,2, fibres 4,2, glucides 5,6, protéines 6

Mélanger la pastèque et le citron

Temps de préparation : 10 minutes.
Temps de cuisson : 10 minutes.
Portions : 4

Ingrédients:
- 2 tasses de pastèque, pelée et coupée en dés
- 4 cuillères à soupe de sucre de coco
- 2 cuillères à café d'extrait de vanille
- 2 cuillères à café de jus de citron

Adresses :
1. Dans une petite casserole, mélanger la pastèque avec le sucre et les autres ingrédients, mélanger, faire chauffer à feu doux, cuire environ 10 minutes, répartir dans des bols et servir froid.

Nutrition:calories 140, lipides 4, fibres 3,4, glucides 6,7, protéines 5

Crème onctueuse à la rhubarbe

Temps de préparation : 10 minutes.
Temps de cuisson : 14 minutes.
Portions : 4

Ingrédients:
- 1/3 tasse de fromage à la crème faible en gras
- ½ tasse de crème de noix de coco
- 2 livres de rhubarbe, hachée
- 3 cuillères à soupe de sucre de coco

Adresses :
1. Mélanger le fromage à la crème avec la crème et les autres ingrédients dans un mélangeur et bien écraser.
2. Répartir dans de petites tasses, mettre au four et cuire à 350 degrés F pendant 14 minutes.
3. Servir froid.

Nutrition:calories 360, lipides 14,3, fibres 4,4, glucides 5,8, protéines 5,2

bols d'ananas

Temps de préparation : 10 minutes.
Temps de cuisson : 0 minute.
Portions : 4

Ingrédients:
- 3 tasses d'ananas pelé et coupé en dés
- 1 cuillère à café de graines de chia
- 1 tasse de crème de noix de coco
- 1 cuillère à café d'extrait de vanille
- 1 cuillère de menthe moulue

Adresses :
1. Mélanger l'ananas avec la crème et les autres ingrédients dans un bol, mélanger, répartir dans des bols plus petits et mettre au réfrigérateur pendant 10 minutes avant de servir.

Nutrition: calories 238, lipides 16,6, fibres 5,6, glucides 22,8, protéines 3,3

mélange de bleuets

Temps de préparation : 10 minutes.
Temps de cuisson : 10 minutes.
Portions : 4

Ingrédients:
- 2 cuillères de jus de citron
- 1 tasse d'eau
- 3 cuillères à soupe de sucre de coco
- 12 onces de bleuets

Adresses :
1. Dans une casserole, mélanger les myrtilles avec le sucre et les autres ingrédients, porter à ébullition et cuire à feu doux pendant 10 minutes.
2. Répartir dans des bols et servir.

Nutrition:calories 122, lipides 0,4, fibres 2,1, glucides 26,7, protéines 1,5

pouding au citron vert

Temps de préparation : 10 minutes.
Temps de cuisson : 15 minutes.
Portions : 4

Ingrédients:

- 2 tasses de crème de noix de coco
- jus de 1 citron vert
- Le zeste de 1 citron vert râpé
- 3 cuillères à soupe d'huile de noix de coco fondue
- 1 œuf battu
- 1 cuillère à café de levure chimique

Adresses :

1. Dans un bol, mélanger la crème avec le jus de lime et les autres ingrédients et bien battre.
2. Casser en petits cubes, mettre au four et cuire à 360 degrés F pendant 15 minutes.
3. Le pudding est servi froid.

Nutrition:calories 385, lipides 39,9, fibres 2,7, glucides 8,2, protéines 4,2

crème de pêche

Temps de préparation : 10 minutes.
Temps de cuisson : 0 minute.
Portions : 4

Ingrédients:

- 3 tasses de crème de noix de coco
- 2 pêches, dénoyautées et tranchées
- 1 cuillère à café d'extrait de vanille
- ½ tasse d'amandes hachées

Adresses :

1. Mixez la crème et le reste des ingrédients dans un blender, mélangez bien, répartissez dans des petits bols et servez frais.

Nutrition:calories 261, lipides 13, fibres 5,6, glucides 7, protéines 5,4

Mélange de prunes à la cannelle

Temps de préparation : 10 minutes.
Temps de cuisson : 15 minutes.
Portions : 4

Ingrédients:
- 1 livre de prunes, dénoyautées et coupées en deux
- 2 cuillères de sucre de coco
- ½ cuillère à café de cannelle moulue
- 1 tasse d'eau

Adresses :
1. Mélanger les prunes avec le sucre et les autres ingrédients dans une casserole, porter à ébullition et cuire à feu doux pendant 15 minutes.
2. Répartir dans des bols et servir froid.

Nutrition:calories 142, lipides 4, fibres 2,4, glucides 14, protéines 7

Pommes chia et vanille

Temps de préparation : 10 minutes.
Temps de cuisson : 10 minutes.
Portions : 4

Ingrédients:
- 2 tasses de pommes évidées et tranchées
- 2 cuillères de graines de chia
- 1 cuillère à café d'extrait de vanille
- 2 tasses de jus de pomme naturel non sucré

Adresses :
1. Dans une petite casserole, mélanger les pommes avec les graines de chia et les autres ingrédients, mélanger, cuire à feu doux pendant 10 minutes, répartir dans des bols et servir froid.

Nutrition:calories 172, lipides 5,6, fibres 3,5, glucides 10, protéines 4,4

Riz au lait et poires

Temps de préparation : 10 minutes.
Temps de cuisson : 25 minutes.
Portions : 4

Ingrédients:
- 6 tasses d'eau
- 1 tasse de sucre de coco
- 2 tasses de riz noir
- 2 poires, dénoyautées et coupées en cubes
- 2 cuillères à café de cannelle moulue

Adresses :
1. Mettez de l'eau dans une casserole, chauffez-la à feu moyen-vif, ajoutez le riz, le sucre et les autres ingrédients, remuez, portez à ébullition, réduisez le feu à feu moyen et laissez cuire 25 minutes.
2. Répartir dans des bols et servir froid.

Nutrition:calories 290, lipides 13,4, fibres 4, glucides 13,20, protéines 6,7

ragoût de rhubarbe

Temps de préparation : 10 minutes.
Temps de cuisson : 15 minutes.
Portions : 4

Ingrédients:
- 2 tasses de rhubarbe hachée
- 3 cuillères à soupe de sucre de coco
- 1 cuillère à café d'extrait d'amande
- 2 tasses d'eau

Adresses :
1. Mélangez la rhubarbe avec les autres ingrédients dans une casserole, remuez, portez à ébullition à feu doux, laissez cuire 15 minutes, répartissez dans des bols et servez frais.

Nutrition:calories 142, lipides 4.1, fibres 4.2, glucides 7, protéines 4

crème de rhubarbe

Temps de préparation : 1h.
Temps de cuisson : 10 minutes.
Portions : 4

Ingrédients:
- 2 tasses de crème de noix de coco
- 1 tasse de rhubarbe hachée
- 3 oeufs, battus
- 3 cuillères à soupe de sucre de coco
- 1 cuillère de jus de citron vert

Adresses :
1. Dans une petite casserole, mélanger la crème avec la rhubarbe et le reste des ingrédients, bien battre, cuire à feu doux pendant 10 minutes, mixer au mixeur plongeant, répartir dans des bols et réfrigérer 1 heure avant de servir.

Nutrition:calories 230, lipides 8,4, fibres 2,4, glucides 7,8, protéines 6

salade de myrtilles

Temps de préparation : 5 minutes.
Temps de cuisson : 0 minute.
Portions : 4

Ingrédients:
- 2 tasses de bleuets
- 3 cuillères de menthe moulue
- 1 poire, dénoyautée et coupée en cubes
- 1 pomme, évidée et coupée en cubes
- 1 cuillère de sucre de coco

Adresses :
1. Mélangez les myrtilles avec la menthe et les autres ingrédients dans un bol, mélangez et servez froid.

Nutrition:calories 150, lipides 2,4, fibres 4, glucides 6,8, protéines 6

Dattes et crème de banane

Temps de préparation : 5 minutes.
Temps de cuisson : 0 minute.
Portions : 4

Ingrédients:

- 1 tasse de lait d'amande
- 1 banane, pelée et tranchée
- 1 cuillère à café d'extrait de vanille
- ½ tasse de crème de noix de coco
- dattes, hachées

Adresses :

1. Mélanger les dattes avec la banane et les autres ingrédients dans un mélangeur, bien mélanger, répartir dans de petits verres et servir froid.

Nutrition:calories 271, lipides 21,6, fibres 3,8, glucides 21,2, protéines 2,7

muffins aux prunes

Temps de préparation : 10 minutes.
Temps de cuisson : 25 minutes.
Portions : 12

Ingrédients:
- 3 cuillères à soupe d'huile de noix de coco fondue
- ½ tasse de lait d'amande
- 4 œufs battus
- 1 cuillère à café d'extrait de vanille
- 1 tasse de farine d'amande
- 2 cuillères à café de cannelle moulue
- ½ cuillère à café de levure chimique
- 1 tasse de prunes dénoyautées et hachées

Adresses :
1. Mélanger l'huile de noix de coco avec le lait d'amande et les autres ingrédients dans un bol et bien battre.
2. Répartir dans un moule à muffins, placer dans un four à 350 degrés F et cuire au four pendant 25 minutes.
3. Nous servons les muffins froids.

Nutrition:calories 270, lipides 3,4, fibres 4,4, glucides 12, protéines 5

Bols de prunes et raisins secs

Temps de préparation : 10 minutes.
Temps de cuisson : 20 minutes.
Portions : 4

Ingrédients:

- ½ kilo de prunes, dénoyautées et coupées en deux
- 2 cuillères de sucre de coco
- 4 cuillères à soupe de raisins secs
- 1 cuillère à café d'extrait de vanille
- 1 tasse de crème de noix de coco

Adresses :

1. Mélanger les prunes avec le sucre et les autres ingrédients dans une casserole, porter à ébullition et cuire à feu doux pendant 20 minutes.
2. Répartir dans des bols et servir.

Nutrition:calories 219, lipides 14,4, fibres 1,8, glucides 21,1, protéines 2,2

bâtonnets de graines de tournesol

Temps de préparation : 10 minutes.
Temps de cuisson : 20 minutes.
Portions : 6

Ingrédients:
- 1 tasse de farine de noix de coco
- ½ cuillère à café de bicarbonate de soude
- 1 cuillère à soupe de graines de lin
- 3 cuillères de lait d'amande
- 1 tasse de graines de tournesol
- 2 cuillères à soupe d'huile de noix de coco fondue
- 1 cuillère à café d'extrait de vanille

Adresses :
1. Mélanger la farine avec le bicarbonate de soude et les autres ingrédients dans un bol, bien mélanger, étaler sur une plaque à pâtisserie, bien presser, cuire au four à 350 degrés F pendant 20 minutes, laisser refroidir d'un côté, couper en bâtonnets et servir.

Nutrition:calories 189, lipides 12,6, fibres 9,2, glucides 15,7, protéines 4,7

Bols mûres et noix de cajou

Temps de préparation : 10 minutes.

Temps de cuisson : 0 minute.

Portions : 4

Ingrédients:

- 1 tasse Noix de Cajou
- 2 tasses de mûres
- ¾ tasse de crème de noix de coco
- 1 cuillère à café d'extrait de vanille
- 1 cuillère de sucre de coco

Adresses :

1.   Combiner les noix de cajou avec les baies et le reste des ingrédients dans un bol, mélanger, répartir dans de petits bols et servir.

Nutrition:calories 230, lipides 4, fibres 3,4, glucides 12,3, protéines 8

Bols orange et mandarine

Temps de préparation : 4 minutes.
Temps de cuisson : 8 minutes.
Portions : 4

Ingrédients:
- 4 oranges, pelées et coupées en quartiers
- 2 mandarines, pelées et coupées en quartiers
- jus de 1 citron vert
- 2 cuillères de sucre de coco
- 1 tasse d'eau

Adresses :
1. Mélanger les oranges avec les mandarines et les autres ingrédients dans une casserole, porter à ébullition et cuire à feu doux pendant 8 minutes.
2. Répartir dans des bols et servir froid.

Nutrition:calories 170, lipides 2,3, fibres 2,3, glucides 11, protéines 3,4

Crème de potiron

Temps de préparation : 2 heures.
Temps de cuisson : 0 minute.
Portions : 4

Ingrédients:
- 2 tasses de crème de noix de coco
- 1 tasse de purée de citrouille
- 14 onces de crème de noix de coco
- 3 cuillères à soupe de sucre de coco

Adresses :
1. Mélanger la crème avec la purée de citrouille et le reste des ingrédients dans un bol, bien battre, répartir dans des petits bols et réfrigérer 2 heures avant de servir.

Nutrition:calories 350, lipides 12,3, fibres 3, glucides 11,7, protéines 6

Un mélange de figues et de rhubarbe

Temps de préparation : 6 minutes.
Temps de cuisson : 14 minutes.
Portions : 4

Ingrédients:
- 2 cuillères à soupe d'huile de noix de coco fondue
- 1 tasse de rhubarbe hachée
- 12 figues, coupées en deux
- ¼ tasse de sucre de coco
- 1 tasse d'eau

Adresses :
1. Faites chauffer une poêle avec de l'huile à feu moyen, ajoutez les figues et les autres ingrédients, mélangez, laissez cuire 14 minutes, répartissez dans de petits verres et servez frais.

Nutrition:calories 213, lipides 7,4, fibres 6,1, glucides 39, protéines 2,2

banane épicée

Temps de préparation : 4 minutes.
Temps de cuisson : 15 minutes.
Portions : 4

Ingrédients:

- 4 bananes, pelées et coupées en deux
- 1 cuillère à café de muscade moulue
- 1 cuillère à café de cannelle moulue
- jus de 1 citron vert
- 4 cuillères à soupe de sucre de coco

Adresses :

1. Placer les bananes dans un plat allant au four, ajouter la noix de muscade et les autres ingrédients et cuire au four à 350 degrés F pendant 15 minutes.
2. Répartir les bananes cuites dans des assiettes et servir.

Nutrition:calories 206, lipides 0,6, fibres 3,2, glucides 47,1, protéines 2,4

cocktail de cacao

Temps de préparation : 5 minutes.

Temps de cuisson : 0 minute.

Portions : 2

Ingrédients:

- 2 cuillères à café de cacao en poudre
- 1 avocat dénoyauté, pelé et écrasé
- 1 tasse de lait d'amande
- 1 tasse de crème de noix de coco

Adresses :

1. Mixer le lait d'amande avec la crème et les autres ingrédients dans un blender, bien mélanger, répartir dans des verres et servir frais.

Nutrition:calories 155, lipides 12,3, fibres 4, glucides 8,6, protéines 5

bâtonnets de banane

Temps de préparation : 30 minutes.

Temps de cuisson : 0 minute.

Portions : 4

Ingrédients:

- 1 tasse d'huile de noix de coco fondue
- 2 bananes, pelées et tranchées
- 1 avocat, pelé, dénoyauté et écrasé
- ½ tasse de sucre de coco
- ¼ tasse de jus de citron vert
- 1 cuillère à café de zeste de citron râpé
- aérosol de cuisson

Adresses :

1. Dans un robot culinaire, mélanger les bananes avec l'huile et tous les autres ingrédients sauf l'aérosol de cuisson et bien mélanger.
2. Graissez le moule avec de l'huile en spray, versez et étalez le mélange de bananes, étalez, mettez au réfrigérateur pendant 30 minutes, coupez en bâtonnets et servez.

Nutrition:calories 639, lipides 64,6, fibres 4,9, glucides 20,5, protéines 1,7

Dattes et bâtonnets de thé vert

Temps de préparation : 10 minutes.
Temps de cuisson : 30 minutes.
Portions : 8

Ingrédients:
- 2 cuillères à soupe de poudre de thé vert
- 2 tasses de lait de coco réchauffé
- ½ tasse d'huile de noix de coco fondue
- 2 tasses de sucre de coco
- 4 œufs battus
- 2 cuillères à café d'extrait de vanille
- 3 tasses de farine d'amande
- 1 cuillère à café de bicarbonate de soude
- 2 cuillères à café de levure chimique

Adresses :
1. Dans un bol, mélanger le lait de coco avec la poudre de thé vert et le reste des ingrédients, bien mélanger, verser dans un moule carré, étaler, mettre au four, cuire à 350 degrés F pendant 30 minutes, refroidir, couper en barres et servir.

Nutrition:calories 560, lipides 22,3, fibres 4, glucides 12,8, protéines 22,1

crème de noix

Temps de préparation : 2 heures.
Temps de cuisson : 0 minute.
Portions : 4

Ingrédients:
- 2 tasses de lait d'amande
- ½ tasse de crème de noix de coco
- ½ tasse de noix hachées
- 3 cuillères à soupe de sucre de coco
- 1 cuillère à café d'extrait de vanille

Adresses :
1. Mélanger le lait d'amande avec la crème et le reste des ingrédients dans un bol, bien battre, répartir dans des verres et réfrigérer 2 heures avant de servir.

Nutrition:calories 170, lipides 12,4, fibres 3, glucides 12,8, protéines 4

Gâteau au citron

Temps de préparation : 10 minutes.
Temps de cuisson : 35 minutes.
Portions : 6

Ingrédients:
- 2 tasses de farine de blé entier
- 1 cuillère à café de levure chimique
- 2 cuillères à soupe d'huile de noix de coco fondue
- 1 œuf battu
- 3 cuillères à soupe de sucre de coco
- 1 tasse de lait d'amande
- Zeste de 1 citron râpé
- jus de 1 citron

Adresses :
1. Mélanger la farine avec l'huile et les autres ingrédients dans un bol, bien mélanger, transférer dans un moule à gâteau et cuire au four à 360 degrés F pendant 35 minutes.
2. Trancher et servir froid.

Nutrition:calories 222, lipides 12,5, fibres 6,2, glucides 7, protéines 17,4

bâtonnets de raisins secs

Temps de préparation : 10 minutes.
Temps de cuisson : 25 minutes.
Portions : 6

Ingrédients:
- 1 cuillère à café de cannelle moulue
- 2 tasses de farine d'amande
- 1 cuillère à café de levure chimique
- ½ cuillère à café de muscade moulue
- 1 tasse d'huile de noix de coco fondue
- 1 tasse de sucre de coco
- 1 œuf battu
- 1 tasse de raisins secs

Adresses :
1. Dans un bol, mélanger la farine avec la cannelle et le reste des ingrédients, bien mélanger, étaler sur une plaque à pâtisserie tapissée, mettre au four, cuire à 380 degrés F pendant 25 minutes, couper en bâtonnets et servir froid.

Nutrition:calories 274, lipides 12, fibres 5,2, glucides 14,5, protéines 7

Carrés aux nectarines

Temps de préparation : 10 minutes.
Temps de cuisson : 20 minutes.
Portions : 4

Ingrédients:
- 3 nectarines, dénoyautées et hachées
- 1 cuillère de sucre de coco
- ½ cuillère à café de bicarbonate de soude
- 1 tasse de farine d'amande
- 4 cuillères à soupe d'huile de noix de coco fondue
- 2 cuillères de cacao en poudre

Adresses :
1. Dans un mélangeur, mélanger les nectarines avec le sucre et les ingrédients restants, bien mélanger, verser dans un moule carré tapissé, étaler, cuire au four à 375 degrés F pendant 20 minutes, laisser le mélange refroidir et refroidir légèrement. , Couper en carrés et servir.

Nutrition:calories 342, lipides 14,4, fibres 7,6, glucides 12, protéines 7,7

ragoût de raisin

Temps de préparation : 10 minutes.
Temps de cuisson : 20 minutes.
Portions : 4

Ingrédients:
- 1 tasse de raisins verts
- jus de ½ citron vert
- 2 cuillères de sucre de coco
- 1 verre et demi d'eau
- 2 cuillères à café de poudre de cardamome

Adresses :
1. Faire chauffer une casserole d'eau à feu moyen, ajouter les raisins et les autres ingrédients, porter à ébullition, cuire 20 minutes, répartir dans des bols et servir.

Nutrition:calories 384, lipides 12,5, fibres 6,3, glucides 13,8, protéines 5,6

Crème de mandarine et de prune

Temps de préparation : 10 minutes.
Temps de cuisson : 20 minutes.
Portions : 4

Ingrédients:

- 1 mandarine, pelée et hachée
- ½ kilo de prunes, dénoyautées et hachées
- 1 tasse de crème de noix de coco
- Jus de 2 mandarines
- 2 cuillères de sucre de coco

Adresses :

1. Dans un mélangeur, mélanger la mandarine avec les prunes et les ingrédients restants, bien couper en deux, couper en petits cubes, mettre au four, cuire à 350 degrés F pendant 20 minutes et servir froid.

Nutrition:calories 402, lipides 18,2, fibres 2, glucides 22,2, protéines 4,5

Crème cerise et fraise

Temps de préparation : 10 minutes.
Temps de cuisson : 0 minute.
Portions : 6

Ingrédients:
- 1 livre de cerises dénoyautées
- 1 tasse de fraises hachées
- ¼ tasse de sucre de coco
- 2 tasses de crème de noix de coco

Adresses :
1. Mixer les cerises avec les autres ingrédients dans un blender, bien écraser, répartir dans des bols et servir froid.

Nutrition:calories 342, lipides 22,1, fibres 5,6, glucides 8,4, protéines 6,5

Noix de cardamome et riz au lait

Temps de préparation : 5 minutes.
Temps de cuisson : 40 minutes.
Portions : 4

Ingrédients:
- 1 tasse de riz basmati
- 3 tasses de lait d'amande
- 3 cuillères à soupe de sucre de coco
- ½ cuillère à café de poudre de cardamome
- ¼ tasse de noix hachées

Adresses :
1. Mélangez le riz avec le lait et les autres ingrédients dans une casserole, mélangez, faites cuire 40 minutes à feu doux, répartissez dans des bols et servez froid.

Nutrition:calories 703, lipides 47,9, fibres 5,2, glucides 62,1, protéines 10,1

pain aux poires

Temps de préparation : 10 minutes.
Temps de cuisson : 30 minutes.
Portions : 4

Ingrédients:
- 2 tasses de poires dénoyautées et coupées en dés
- 1 tasse de sucre de coco
- 2 oeufs battus
- 2 tasses de farine d'amande
- 1 cuillerée de levure chimique
- 1 cuillère à soupe d'huile de noix de coco fondue

Adresses :
1. Dans un bol, mélanger les poires avec le sucre et les autres ingrédients, mélanger, verser dans un bol, mettre au four et cuire à 350 degrés F pendant 30 minutes.
2. Trancher et servir froid.

Nutrition:calories 380, lipides 16,7, fibres 5, glucides 17,5, protéines 5,6

Riz au lait et cerises

Temps de préparation : 10 minutes.
Temps de cuisson : 25 minutes.
Portions : 4

Ingrédients:
- 1 cuillère à soupe d'huile de noix de coco fondue
- 1 tasse de riz blanc
- 3 tasses de lait d'amande
- ½ tasse de cerises, dénoyautées et coupées en deux
- 3 cuillères à soupe de sucre de coco
- 1 cuillère à café de cannelle moulue
- 1 cuillère à café d'extrait de vanille

Adresses :
1. Mélanger l'huile avec le riz et les autres ingrédients dans une casserole, mélanger, porter à ébullition, cuire 25 minutes à feu moyen, répartir dans des bols et servir froid.

Nutrition:calories 292, lipides 12,4, fibres 5,6, glucides 8, protéines 7

goulasch de pastèque

Temps de préparation : 5 minutes.
Temps de cuisson : 8 minutes.
Portions : 4

Ingrédients:
- jus de 1 citron vert
- 1 cuillère à café de zeste de citron vert râpé
- 1 et ½ tasse de sucre de coco
- 4 tasses de pastèque, pelée et coupée en gros morceaux
- 1 verre et demi d'eau

Adresses :
1. Mélangez la pastèque avec le zeste de citron vert et les autres ingrédients dans une casserole, mélangez, portez à ébullition à feu doux, laissez cuire 8 minutes, répartissez dans des bols et servez frais.

Nutrition:: calories 233, lipides 0,2, fibres 0,7, glucides 61,5, protéines 0,9

pouding au gingembre

Temps de préparation : 1h.
Temps de cuisson : 0 minute.
Portions : 4

Ingrédients:

- 2 tasses de lait d'amande
- ½ tasse de crème de noix de coco
- 2 cuillères de sucre de coco
- 1 cuillère de gingembre râpé
- ¼ tasse de graines de chia

Adresses :

1. Mélanger le lait avec la crème et le reste des ingrédients dans un bol, bien battre, répartir dans des petits verres et réfrigérer 1 heure avant de servir.

Nutrition:calories 345, lipides 17, fibres 4,7, glucides 11,5, protéines 6,9

crème de cajou

Temps de préparation : 2 heures.
Temps de cuisson : 0 minute.
Portions : 4

Ingrédients:
- 1 tasse de noix de cajou hachées
- 2 cuillères à soupe d'huile de noix de coco fondue
- 2 cuillères à soupe d'huile de noix de coco fondue
- 1 tasse de crème de noix de coco
- cuillères de jus de citron
- 1 cuillère de sucre de coco

Adresses :
1. Mélanger les noix de cajou avec l'huile de noix de coco et le reste des ingrédients dans un mélangeur, bien mélanger, répartir dans de petits verres et réfrigérer 2 heures avant de servir.

Nutrition: calories 480, lipides 43,9, fibres 2,4, glucides 19,7, protéines 7

biscuits au chanvre

Temps de préparation : 30 minutes.
Temps de cuisson : 0 minute.
Portions : 6

Ingrédients:
- 1 tasse d'amandes trempées toute la nuit et égouttées
- 2 cuillères de cacao en poudre
- 1 cuillère de sucre de coco
- ½ tasse de graines de chanvre
- ¼ tasse de noix de coco râpée
- ½ tasse d'eau

Adresses :
1. Mélanger les amandes avec la poudre de cacao et le reste des ingrédients dans un robot culinaire, bien mélanger, presser sur une plaque à pâtisserie tapissée, réfrigérer pendant 30 minutes, trancher et servir.

Nutrition:calories 270, lipides 12,6, fibres 3, glucides 7,7, protéines 7

Bols à la grenade et aux amandes

Temps de préparation : 2 heures.
Temps de cuisson : 0 minute.
Portions : 4

Ingrédients:
- ½ tasse de crème de noix de coco
- 1 cuillère à café d'extrait de vanille
- 1 tasse d'amandes hachées
- 1 tasse de graines de grenade
- 1 cuillère de sucre de coco

Adresses :
1. Mélanger les amandes avec la crème et les autres ingrédients dans un bol, mélanger, répartir dans de petits bols et servir.

Nutrition:calories 258, lipides 19, fibres 3,9, glucides 17,6, protéines 6,2

Ingram Content Group UK Ltd.
Milton Keynes UK
UKHW020644050623
422889UK00016B/1838